Surmonter le Burn-out

Guide Pratique vers l'Équibibre

Ecrit et illustré par Pascal Leroy

SURMONTER LE BURN-OUT GUIDE PRATIQUE VERS L'ÉQUILIBRE

First edition. March 5, 2024.

ISBN: 979-8224574926

Written by Pascal Leroy.

Also by Pascal Leroy

Transformation intérieure : Guide pratique pour une perte de poids
équilibrée et durable
Surmonter le burn-out Guide pratique vers l'équilibre

Table des Matières

Surmonter le Burn-out : Guide Pratique vers l'Équilibre

Aperçu

"Surmonter le Burn-out : Guide Pratique vers l'Équilibre" est un livre essentiel pour toute personne confrontée au burn-out et cherchant à retrouver un équilibre dans sa vie. Dans ce guide, l'auteur Pascal Leroy, expert en gestion du stress et du burn-out, offre des conseils pratiques et des stratégies concrètes pour surmonter cette épreuve.

Le livre est divisé en huit chapitres qui abordent différents aspects du burn-out et de sa gestion. Le premier chapitre, "Comprendre le burn-out", explore les définitions, les symptômes, les causes et les conséquences de cette condition épuisante. Le deuxième chapitre, "Identifier les signes précurseurs", aide les lecteurs à reconnaître les signes physiques, émotionnels, comportementaux et cognitifs du burn-out.

Le troisième chapitre, "Prévenir le burn-out", propose des stratégies pour gérer le stress au quotidien, établir des limites, trouver un équilibre entre vie professionnelle et vie personnelle, et pratiquer des activités de relaxation et de détente. Le quatrième chapitre, "Gérer le burn-out", explore l'acceptation de la réalité du burn-out, la demande d'aide et l'élaboration de nouvelles priorités et objectifs.

Le cinquième chapitre, "Retrouver l'équilibre", met l'accent sur la reprise progressive des activités, une alimentation équilibrée, une activité physique régulière et des relations sociales positives. Le sixième chapitre, "Renforcer sa résilience", propose des conseils pour développer une attitude positive, gérer ses émotions, cultiver la gratitude et se fixer des objectifs réalistes.

Le septième chapitre, "Prévenir la rechute", aide les lecteurs à identifier les facteurs de risque de rechute, à maintenir de bonnes habitudes de vie, à gérer le stress de manière proactive et à s'écouter et se respecter. Enfin, le huitième chapitre, "Vers une vie équilibrée", encourage les lecteurs à trouver leur passion, à établir des objectifs de vie alignés avec leurs valeurs, à cultiver la gratitude et la joie au quotidien, et à maintenir un équilibre entre travail, famille et loisirs.

Que vous soyez en train de faire face au burn-out ou que vous souhaitiez simplement prévenir cette condition épuisante, "Surmonter le Burn-out : Guide Pratique vers l'Équilibre" est un outil précieux pour vous aider à retrouver votre équilibre et à vivre une vie épanouissante.

Surmonter le Burn-out : Guide Pratique vers l'Équilibre

Le sommaire :

---

1. https://booksbyai.app/rMeGCA0Zt4KkXNUI/1.1

2. https://booksbyai.app/rMeGCA0Zt4KkXNUI/1.2

3. https://booksbyai.app/rMeGCA0Zt4KkXNUI/1.3

4. https://booksbyai.app/rMeGCA0Zt4KkXNUI/1.4

5. https://booksbyai.app/rMeGCA0Zt4KkXNUI/2.1

6. https://booksbyai.app/rMeGCA0Zt4KkXNUI/2.2

7. https://booksbyai.app/rMeGCA0Zt4KkXNUI/2.3

8. https://booksbyai.app/rMeGCA0Zt4KkXNUI/2.4

9. https://booksbyai.app/rMeGCA0Zt4KkXNUI/3.1

10. https://booksbyai.app/rMeGCA0Zt4KkXNUI/3.2

11. https://booksbyai.app/rMeGCA0Zt4KkXNUI/3.3

---

12.   https://booksbyai.app/rMeGCA0Zt4KkXNUI/3.4

13.   https://booksbyai.app/rMeGCA0Zt4KkXNUI/4.1

14.   https://booksbyai.app/rMeGCA0Zt4KkXNUI/4.2

15.   https://booksbyai.app/rMeGCA0Zt4KkXNUI/4.3

16.   https://booksbyai.app/rMeGCA0Zt4KkXNUI/4.4

17.   https://booksbyai.app/rMeGCA0Zt4KkXNUI/5.1

18.   https://booksbyai.app/rMeGCA0Zt4KkXNUI/5.2

19.   https://booksbyai.app/rMeGCA0Zt4KkXNUI/5.3

20.   https://booksbyai.app/rMeGCA0Zt4KkXNUI/5.4

21.   https://booksbyai.app/rMeGCA0Zt4KkXNUI/6.1

22.   https://booksbyai.app/rMeGCA0Zt4KkXNUI/6.2

23.   https://booksbyai.app/rMeGCA0Zt4KkXNUI/6.3

24.   https://booksbyai.app/rMeGCA0Zt4KkXNUI/6.4

25.   https://booksbyai.app/rMeGCA0Zt4KkXNUI/7.1

26.   https://booksbyai.app/rMeGCA0Zt4KkXNUI/7.2

27.   https://booksbyai.app/rMeGCA0Zt4KkXNUI/7.3

28.   https://booksbyai.app/rMeGCA0Zt4KkXNUI/7.4

29.   https://booksbyai.app/rMeGCA0Zt4KkXNUI/8.1

30.   https://booksbyai.app/rMeGCA0Zt4KkXNUI/8.2

31.   https://booksbyai.app/rMeGCA0Zt4KkXNUI/8.3

32.   https://booksbyai.app/rMeGCA0Zt4KkXNUI/8.4

Chapitre 1 : Comprendre le burn-out

1.1 Définition et symptômes du burn-out

Le burn-out est un syndrome d'épuisement professionnel qui se caractérise par un état de fatigue intense, tant physique que mental. Il est souvent causé par un stress chronique lié au travail et peut avoir des conséquences néfastes sur la santé et le bien-être d'une personne. Dans cette section, nous allons explorer en détail la définition du burn-out ainsi que les symptômes qui lui sont associés.

1.1.1 Définition du burn-out

Le burn-out est défini comme un état d'épuisement physique, émotionnel et mental causé par un stress prolongé et excessif lié au travail. Il se manifeste généralement par une perte d'énergie, de motivation et d'intérêt pour les activités professionnelles. Les personnes atteintes de burn-out ressentent souvent un sentiment d'échec, d'inefficacité et de désespoir.

Le burn-out est souvent le résultat d'une combinaison de facteurs, tels que des exigences professionnelles élevées, un manque de soutien au travail, un déséquilibre entre vie professionnelle et vie personnelle, ainsi qu'une incapacité à faire face au stress. Il peut toucher toutes les professions, qu'il s'agisse de travailleurs indépendants, de cadres ou d'employés.

1.1.2 Symptômes du burn-out

Les symptômes du burn-out peuvent varier d'une personne à l'autre, mais ils se manifestent généralement à la fois sur le plan physique, émotionnel et comportemental. Il est important de reconnaître ces signes afin de pouvoir agir rapidement et prévenir une détérioration de la santé mentale et physique.

Symptômes physiques

- Fatigue persistante et épuisement physique
- Troubles du sommeil, tels que l'insomnie ou l'excès de sommeil
- Maux de tête fréquents
- Douleurs musculaires et tensions
- Problèmes gastro-intestinaux, tels que des maux d'estomac ou des troubles digestifs
- Affaiblissement du système immunitaire, entraînant une susceptibilité accrue aux infections

Symptômes émotionnels

- Sentiment de tristesse et de désespoir
- Irritabilité et colère fréquentes
- Anxiété et angoisse
- Perte d'estime de soi et de confiance en ses capacités
- Sentiment de vide et de détachement émotionnel
- Difficulté à se concentrer et à prendre des décisions

Symptômes comportementaux

- Isolement social et retrait des activités sociales
- Perte d'intérêt pour le travail et les activités autrefois appréciées
- Procrastination et diminution de la productivité
- Absentéisme accru au travail
- Utilisation de substances (alcool, drogues) pour faire face au stress
- Changements d'appétit, tels que la perte ou le gain de poids

1.1.3 Reconnaître les symptômes du burn-out

Il est essentiel de reconnaître les symptômes du burn-out dès qu'ils apparaissent afin de pouvoir prendre des mesures pour prévenir une détérioration de la situation. Si vous vous identifiez à plusieurs des symptômes mentionnés ci-dessus et que vous ressentez un épuisement constant lié à votre travail, il est possible que vous soyez en train de faire face à un burn-out.

Il est important de noter que le burn-out ne doit pas être confondu avec le stress ordinaire lié au travail. Le stress peut être géré et surmonté avec des techniques appropriées, tandis que le burn-out nécessite souvent une intervention plus profonde et un changement de mode de vie.

Dans les chapitres suivants, nous explorerons les causes du burn-out, les conséquences sur la santé, ainsi que les différents types de burn-out. Il est essentiel de comprendre ces aspects pour pouvoir mettre en place des stratégies efficaces pour surmonter le burn-out et retrouver un équilibre dans votre vie.

1.2 Les causes du burn-out

Le burn-out est un syndrome d'épuisement professionnel qui peut toucher n'importe qui, quel que soit son domaine d'activité. Il est important de comprendre les causes de ce phénomène afin de mieux le prévenir et le surmonter. Dans cette section, nous explorerons les différentes causes du burn-out et comment elles peuvent affecter notre bien-être.

1.2.1 Les exigences professionnelles élevées

L'une des principales causes du burn-out est liée aux exigences professionnelles élevées auxquelles nous sommes confrontés. Les pressions constantes pour atteindre des objectifs, respecter des délais serrés et maintenir des performances élevées peuvent rapidement épuiser nos ressources physiques et mentales. Lorsque nous nous sentons submergés par la charge de travail, sans possibilité de prendre du recul, le risque de burn-out augmente considérablement.

1.2.2 Le manque de contrôle sur son travail

Le manque de contrôle sur son travail est une autre cause fréquente de burn-out. Lorsque nous avons l'impression de ne pas pouvoir influencer les décisions qui nous concernent, de ne pas pouvoir organiser notre travail de manière autonome, cela peut générer un sentiment d'impuissance et de frustration. Le manque de contrôle peut également se manifester par un manque de reconnaissance de nos compétences et de nos efforts, ce qui peut contribuer à l'épuisement professionnel.

1.2.3 Les relations professionnelles difficiles

Les relations professionnelles difficiles, qu'il s'agisse de conflits avec des collègues, de tensions avec des supérieurs hiérarchiques ou d'un manque de soutien de la part de l'équipe, peuvent également être une cause majeure de burn-out. Lorsque nous sommes confrontés à un environnement de travail toxique, où la communication est difficile et les relations sont tendues, cela peut avoir un impact significatif sur notre bien-être émotionnel et notre motivation.

1.2.4 Le déséquilibre entre vie professionnelle et vie personnelle

Un déséquilibre entre vie professionnelle et vie personnelle peut également contribuer au développement du burn-out. Lorsque nous consacrons la majorité de notre temps et de notre énergie au travail, sans prendre le temps de nous ressourcer et de nous détendre, nous risquons de nous épuiser physiquement et mentalement. Il est essentiel de trouver un équilibre sain entre nos responsabilités professionnelles et nos besoins personnels afin de prévenir le burn-out.

1.2.5 Les attentes élevées et le perfectionnisme

Les attentes élevées que nous nous fixons et le perfectionnisme peuvent également être des facteurs de risque de burn-out. Lorsque nous avons des standards irréalistes pour nous-mêmes et que nous nous mettons constamment la pression pour atteindre la perfection, nous nous exposons à un stress chronique et à une insatisfaction permanente. Apprendre à être plus indulgent envers nous-mêmes et à accepter nos limites est essentiel pour prévenir le burn-out.

1.2.6 Le manque de soutien social

Le manque de soutien social peut également jouer un rôle dans le développement du burn-out. Lorsque nous nous sentons isolés et que nous n'avons personne à qui parler de nos difficultés professionnelles, cela peut aggraver notre stress et notre épuisement. Il est important de cultiver des relations sociales positives, de chercher du soutien auprès de nos proches ou de rejoindre des groupes de soutien professionnels pour prévenir le burn-out.

En comprenant les causes du burn-out, nous sommes mieux équipés pour prendre des mesures préventives et protéger notre bien-être. Dans le prochain chapitre, nous explorerons les signes précurseurs du burn-out, afin de pouvoir les identifier à temps et agir avant qu'il ne soit trop tard.

1.3 Les conséquences du burn-out sur la santé

Le burn-out est un état d'épuisement professionnel qui peut avoir de graves conséquences sur la santé physique et mentale d'une personne. Lorsque le corps et l'esprit sont soumis à un stress chronique et intense, cela peut entraîner des dysfonctionnements dans différents systèmes de l'organisme. Dans cette section, nous allons explorer les conséquences du burn-out sur la santé et comprendre pourquoi il est essentiel de prendre des mesures pour surmonter cette condition.

1.3.1 Conséquences physiques

Le burn-out peut avoir un impact significatif sur la santé physique d'une personne. Les symptômes physiques du burn-out peuvent varier d'une personne à l'autre, mais ils incluent souvent une fatigue extrême, des troubles du sommeil, des maux de tête fréquents, des douleurs musculaires et articulaires, une diminution de l'immunité et des problèmes gastro-intestinaux tels que des troubles digestifs et des brûlures d'estomac.

Lorsque le corps est constamment exposé au stress, le système immunitaire peut être affaibli, rendant la personne plus vulnérable aux infections et aux maladies. De plus, le stress chronique peut également augmenter le risque de développer des maladies cardiovasculaires, telles que l'hypertension artérielle, les maladies cardiaques et les accidents vasculaires cérébraux.

1.3.2 Conséquences mentales

Le burn-out ne se limite pas seulement aux conséquences physiques, il peut également avoir un impact significatif sur la santé mentale d'une personne. Les personnes atteintes de burn-out peuvent éprouver des symptômes tels que l'anxiété, la dépression, l'irritabilité, la perte de motivation et la diminution de l'estime de soi.

Le stress chronique peut également affecter la capacité de concentration et de prise de décision, ce qui peut entraîner des problèmes de performance au travail et dans d'autres domaines de la vie. De plus, le burn-out peut également entraîner des troubles du sommeil, tels que l'insomnie, ce qui aggrave encore les problèmes de santé mentale.

1.3.3 Conséquences sociales

Le burn-out peut également avoir des conséquences sur les relations sociales d'une personne. Lorsque quelqu'un est épuisé et débordé par le stress, il peut avoir du mal à maintenir des relations saines et épanouissantes. Les personnes atteintes de burn-out peuvent se sentir isolées, avoir du mal à exprimer leurs émotions et à se connecter avec les autres.

De plus, le burn-out peut également affecter la vie familiale et les relations intimes. Les personnes épuisées par le stress peuvent avoir du mal à trouver un équilibre entre leur vie professionnelle et leur vie personnelle, ce qui peut entraîner des conflits et des tensions au sein de la famille.

1.3.4 Conséquences professionnelles

Le burn-out peut également avoir un impact significatif sur la carrière professionnelle d'une personne. Lorsque quelqu'un est épuisé et démotivé, il peut avoir du mal à se concentrer, à prendre des décisions et à accomplir ses tâches de manière efficace. Cela peut entraîner une baisse de la productivité, des erreurs fréquentes et une diminution de la qualité du travail.

De plus, le burn-out peut également entraîner un désengagement professionnel, une perte d'intérêt pour le travail et une diminution de la satisfaction professionnelle. Dans certains cas, cela peut même conduire à des problèmes d'absentéisme et de présentéisme, ce qui peut avoir des répercussions négatives sur la carrière et les opportunités professionnelles.

Il est essentiel de prendre conscience des conséquences du burn-out sur la santé afin de pouvoir agir rapidement et efficacement pour surmonter cette condition. Dans les chapitres suivants, nous explorerons des stratégies pratiques pour prévenir, gérer et surmonter le burn-out, afin de retrouver un équilibre sain dans tous les aspects de votre vie.

1.4 Les différents types de burn-out

Le burn-out est un état d'épuisement physique, émotionnel et mental qui survient lorsque le stress chronique au travail devient accablant. Bien que le burn-out soit souvent associé au milieu professionnel, il peut également se manifester dans d'autres domaines de la vie, tels que les relations personnelles ou les engagements communautaires. Dans cette section, nous explorerons les différents types de burn-out afin de mieux comprendre comment ils se manifestent et comment les reconnaître.

1.4.1 Le burn-out professionnel

Le burn-out professionnel est le type de burn-out le plus couramment connu et étudié. Il survient lorsque les exigences et les pressions du travail deviennent excessives et dépassent les capacités d'adaptation d'un individu. Les personnes qui travaillent dans des environnements stressants, où les attentes sont élevées et les ressources limitées, sont particulièrement vulnérables au burn-out professionnel. Les symptômes courants incluent l'épuisement physique et émotionnel, la démotivation, la perte d'intérêt pour le travail et une diminution de la performance.

1.4.2 Le burn-out parental

Le burn-out parental se produit lorsque les parents se sentent dépassés par les responsabilités liées à l'éducation et à la prise en charge de leurs enfants. Les parents qui jonglent avec des emplois à temps plein, des tâches ménagères, des activités extra-scolaires et d'autres engagements peuvent se retrouver épuisés et submergés. Les signes de burn-out parental comprennent la fatigue constante, l'irritabilité, la perte de patience, le sentiment de ne pas être à la hauteur et le manque de plaisir dans les activités familiales.

1.4.3 Le burn-out relationnel

Le burn-out relationnel se produit lorsque les relations interpersonnelles deviennent une source de stress et d'épuisement. Cela peut se produire dans les relations amoureuses, familiales, amicales ou professionnelles. Les personnes qui se sentent constamment prises dans des conflits, des demandes excessives ou des relations toxiques peuvent développer un burn-out relationnel. Les symptômes comprennent la frustration, la colère, la tristesse, l'isolement social et le désir de se retirer des relations.

1.4.4 Le burn-out académique

Le burn-out académique est courant chez les étudiants qui font face à des exigences académiques élevées, à des délais serrés et à une pression pour réussir. Les étudiants qui se surchargent de travail, qui manquent de sommeil et qui négligent leur bien-être physique et émotionnel sont particulièrement vulnérables au burn-out académique. Les signes de burn-out académique comprennent la fatigue chronique, la perte de motivation, la difficulté à se concentrer, les troubles du sommeil et une diminution des performances scolaires.

1.4.5 Le burn-out créatif

Le burn-out créatif survient lorsque les personnes qui travaillent dans des domaines créatifs, tels que les artistes, les écrivains ou les musiciens, se sentent épuisées et incapables de trouver l'inspiration. Les pressions constantes pour produire des idées originales et de qualité, combinées à des délais serrés et à des attentes élevées, peuvent entraîner un épuisement créatif. Les symptômes du burn-out créatif incluent le blocage créatif, la perte de plaisir dans les activités créatives, la frustration et la dévalorisation de son propre travail.

1.4.6 Le burn-out lié aux soins de santé

Le burn-out lié aux soins de santé est spécifique aux professionnels de la santé, tels que les médecins, les infirmières et les travailleurs sociaux, qui sont confrontés à des demandes émotionnelles et physiques élevées dans leur travail. Les longues heures de travail, les situations stressantes et les responsabilités écrasantes peuvent conduire à un épuisement professionnel. Les signes de burn-out lié aux soins de santé comprennent la fatigue chronique, la dépersonnalisation, la diminution de l'empathie envers les patients et une diminution de la satisfaction professionnelle.

Conclusion

Il est important de reconnaître que le burn-out peut se manifester de différentes manières et dans différents domaines de la vie. En comprenant les différents types de burn-out, vous serez mieux équipé pour identifier les signes précurseurs et prendre des mesures pour prévenir ou surmonter cette condition épuisante. Dans les chapitres suivants, nous explorerons en détail les signes précurseurs du burn-out, les stratégies de prévention et les techniques de gestion pour retrouver l'équilibre et la résilience.

Chapitre 2 : Identifier les signes précurseurs

2.1 Les signes physiques du burn-out

Le burn-out est un état d'épuisement physique, émotionnel et mental qui résulte d'un stress chronique lié au travail. Il est important de reconnaître les signes précurseurs du burn-out afin de pouvoir agir rapidement et prévenir une détérioration de la santé. Dans cette section, nous allons nous concentrer sur les signes physiques du burn-out.

2.1.1 Fatigue persistante

La fatigue est l'un des premiers signes physiques du burn-out. Vous pouvez ressentir une fatigue constante, même après une bonne nuit de sommeil. Cette fatigue persistante peut vous rendre moins productif et affecter votre capacité à vous concentrer sur vos tâches quotidiennes. Vous pouvez également ressentir une sensation de lourdeur dans les membres et une diminution de votre énergie globale.

2.1.2 Troubles du sommeil

Le burn-out peut perturber votre sommeil de différentes manières. Vous pouvez avoir des difficultés à vous endormir, vous réveiller fréquemment pendant la nuit ou avoir des cauchemars. Ces troubles du sommeil peuvent aggraver votre fatigue et votre épuisement, créant ainsi un cercle vicieux. Il est important de prendre des mesures pour améliorer la qualité de votre sommeil afin de favoriser votre rétablissement.

2.1.3 Douleurs musculaires et tensions

Le stress chronique lié au burn-out peut entraîner des tensions musculaires et des douleurs corporelles. Vous pouvez ressentir des douleurs au niveau du cou, des épaules, du dos ou des migraines fréquentes. Ces douleurs peuvent être le résultat d'une tension excessive dans les muscles due au stress. Il est essentiel de prendre soin de votre corps en pratiquant des exercices de relaxation et en adoptant une posture correcte.

2.1.4 Problèmes digestifs

Le burn-out peut également affecter votre système digestif. Vous pouvez ressentir des douleurs abdominales, des ballonnements, des nausées ou des problèmes de digestion tels que la constipation ou la diarrhée. Ces symptômes peuvent être causés par le stress chronique qui perturbe le fonctionnement normal de votre système digestif. Il est important d'adopter une alimentation équilibrée et de prendre le temps de manger dans un environnement calme pour favoriser une digestion saine.

2.1.5 Affaiblissement du système immunitaire

Le burn-out peut affaiblir votre système immunitaire, vous rendant plus vulnérable aux infections et aux maladies. Vous pouvez remarquer une augmentation des rhumes, des grippes ou d'autres infections fréquentes. Cela est dû au fait que le stress chronique affecte la capacité de votre corps à se défendre contre les agents pathogènes. Il est important de renforcer votre système immunitaire en adoptant une alimentation saine, en faisant de l'exercice régulièrement et en prenant des mesures pour réduire votre stress.

2.1.6 Changements de poids

Le burn-out peut également entraîner des changements de poids. Certaines personnes peuvent perdre du poids de manière significative en raison d'une diminution de l'appétit et d'une augmentation du métabolisme liée au stress. D'autres personnes peuvent prendre du poids en raison de comportements alimentaires compulsifs ou de l'utilisation de la nourriture comme moyen de soulager le stress. Il est important de surveiller votre poids et de prendre des mesures pour maintenir un poids santé.

2.1.7 Troubles cardiovasculaires

Le stress chronique lié au burn-out peut également augmenter le risque de développer des troubles cardiovasculaires tels que l'hypertension artérielle, les maladies cardiaques et les accidents vasculaires cérébraux. Le stress chronique peut entraîner une augmentation de la pression artérielle, une augmentation du rythme cardiaque et une inflammation dans le corps. Il est essentiel de prendre des mesures pour réduire votre stress et de consulter un professionnel de la santé si vous présentez des symptômes cardiovasculaires.

2.1.8 Autres signes physiques

En plus des signes mentionnés ci-dessus, le burn-out peut également se manifester par d'autres symptômes physiques tels que des maux de tête fréquents, des étourdissements, des problèmes de peau tels que l'acné ou l'eczéma, des troubles de la vision, des problèmes respiratoires et des troubles menstruels chez les femmes. Il est important de reconnaître ces signes et de prendre des mesures pour prévenir une détérioration de votre santé.

Il est essentiel de prendre au sérieux les signes physiques du burn-out et de consulter un professionnel de la santé si vous présentez ces symptômes. La prise en charge précoce du burn-out est essentielle pour favoriser votre rétablissement et retrouver un équilibre dans votre vie.

2.2 Les signes émotionnels du burn-out

Le burn-out est un état d'épuisement physique, émotionnel et mental qui résulte d'un stress chronique lié au travail. Il est important de reconnaître les signes précurseurs du burn-out afin de pouvoir agir rapidement et prévenir une détérioration de la santé mentale. Les signes émotionnels du burn-out sont souvent les premiers à se manifester et peuvent être un indicateur clair de l'épuisement professionnel. Dans cette section, nous explorerons les différents signes émotionnels du burn-out et comment les reconnaître.

2.2.1 L'épuisement émotionnel

L'épuisement émotionnel est l'un des signes les plus courants du burn-out. Il se caractérise par une sensation de vide émotionnel, de détachement et de cynisme envers le travail et les autres. Les personnes atteintes d'épuisement émotionnel peuvent ressentir une perte d'intérêt et de motivation pour leur travail, ainsi qu'une diminution de leur capacité à exprimer des émotions positives. Elles peuvent également se sentir émotionnellement épuisées, même après une bonne nuit de sommeil.

2.2.2 L'irritabilité et la colère

L'irritabilité et la colère sont des signes émotionnels fréquents du burn-out. Les personnes qui en souffrent peuvent se sentir constamment sur les nerfs, réagir de manière excessive à des situations mineures et avoir du mal à contrôler leur colère. Elles peuvent également ressentir de la frustration et de l'impatience envers les autres, ce qui peut entraîner des conflits interpersonnels.

2.2.3 La tristesse et la dépression

La tristesse et la dépression sont des signes émotionnels importants du burn-out. Les personnes touchées peuvent ressentir une profonde tristesse, un sentiment de désespoir et de découragement. Elles peuvent également perdre tout intérêt pour les activités qu'elles appréciaient auparavant et avoir du mal à trouver du plaisir dans leur vie quotidienne. La dépression liée au burn-out peut également se manifester par des changements de l'appétit, du sommeil et de la concentration.

2.2.4 L'anxiété et les attaques de panique

L'anxiété et les attaques de panique sont des signes émotionnels courants chez les personnes atteintes de burn-out. Elles peuvent ressentir une anxiété constante, des inquiétudes excessives et une peur irrationnelle. Les attaques de panique, caractérisées par des symptômes tels que des palpitations, des tremblements, des sueurs et une sensation d'étouffement, peuvent également survenir. L'anxiété liée au burn-out peut interférer avec la capacité de la personne à fonctionner normalement dans sa vie quotidienne.

2.2.5 La perte de confiance en soi

La perte de confiance en soi est un signe émotionnel fréquent chez les personnes touchées par le burn-out. Elles peuvent douter de leurs compétences, se sentir incompétentes et avoir une faible estime de soi. La perte de confiance en soi peut également se manifester par une tendance à se critiquer constamment et à se sentir incapable de faire face aux défis professionnels.

2.2.6 Les troubles du sommeil

Les troubles du sommeil sont des signes émotionnels courants du burn-out. Les personnes touchées peuvent avoir du mal à s'endormir, se réveiller fréquemment pendant la nuit ou se sentir fatiguées même après une nuit de sommeil. Les troubles du sommeil peuvent aggraver les autres symptômes émotionnels du burn-out et affecter la capacité de la personne à fonctionner normalement pendant la journée.

2.2.7 Les changements d'appétit

Les changements d'appétit sont également des signes émotionnels du burn-out. Certaines personnes peuvent perdre l'appétit et avoir du mal à manger suffisamment, tandis que d'autres peuvent avoir des fringales et se tourner vers la nourriture comme moyen de soulager leur stress émotionnel. Les changements d'appétit peuvent entraîner une perte ou une prise de poids significative, ce qui peut aggraver les symptômes émotionnels du burn-out.

Reconnaître et comprendre ces signes émotionnels du burn-out est essentiel pour pouvoir agir rapidement et prendre les mesures nécessaires pour prévenir une détérioration de la santé mentale. Dans la prochaine section, nous aborderons les signes comportementaux du burn-out et comment les identifier.

2.3 Les signes comportementaux du burn-out

Le burn-out est un état d'épuisement physique, émotionnel et mental qui résulte d'un stress chronique lié au travail. Il se manifeste par différents signes et symptômes, dont certains sont de nature comportementale. Reconnaître ces signes comportementaux est essentiel pour pouvoir agir rapidement et prévenir l'aggravation du burn-out. Dans cette section, nous allons explorer les principaux signes comportementaux du burn-out et discuter des mesures à prendre pour les surmonter.

2.3.1 Changements dans les habitudes de travail

L'un des premiers signes comportementaux du burn-out est un changement dans les habitudes de travail. Les personnes touchées peuvent devenir moins productives, avoir du mal à se concentrer et à accomplir leurs tâches habituelles. Elles peuvent également faire preuve de procrastination, repoussant constamment les échéances et évitant les responsabilités professionnelles. Ces changements dans les habitudes de travail peuvent être le résultat d'une perte de motivation et d'intérêt pour le travail, caractéristiques du burn-out.

Pour surmonter ces signes comportementaux, il est important de prendre des mesures pour retrouver sa motivation et sa concentration. Cela peut inclure la mise en place de routines de travail structurées, la définition d'objectifs clairs et réalisables, ainsi que la recherche de nouvelles sources d'inspiration et de satisfaction dans son travail.

2.3.2 Isolement social

Le burn-out peut également entraîner un isolement social. Les personnes touchées peuvent se retirer de leurs collègues, de leur famille et de leurs amis, se sentant épuisées et incapables de maintenir des relations sociales. Elles peuvent éviter les interactions sociales, préférant se retirer dans leur cocon et se couper du monde extérieur.

Pour contrer cet isolement social, il est important de chercher du soutien auprès de ses proches, de ses collègues ou de professionnels de la santé. Participer à des activités sociales, même si cela peut sembler difficile au début, peut aider à retrouver un équilibre et à se sentir moins isolé. Il est également essentiel de communiquer ouvertement avec ses proches et de leur expliquer ce que l'on traverse, afin de bénéficier de leur compréhension et de leur soutien.

2.3.3 Irritabilité et changements d'humeur

Le burn-out peut provoquer des changements d'humeur fréquents et une irritabilité accrue. Les personnes touchées peuvent se sentir constamment tendues, agacées et réagir de manière excessive à des situations qui ne les auraient pas affectées auparavant. Elles peuvent également ressentir de l'apathie et de l'indifférence, perdant tout intérêt pour les activités qui leur plaisaient autrefois.

Pour faire face à ces signes comportementaux, il est important de prendre soin de sa santé mentale en pratiquant des techniques de relaxation et de gestion du stress. La méditation, la respiration profonde et la pratique régulière d'activités relaxantes peuvent aider à apaiser l'irritabilité et à retrouver un état d'esprit plus calme et équilibré.

2.3.4 Changements dans les habitudes alimentaires et de sommeil

Le burn-out peut également se manifester par des changements dans les habitudes alimentaires et de sommeil. Certaines personnes touchées peuvent avoir des troubles du sommeil, comme l'insomnie ou des difficultés à s'endormir. D'autres peuvent avoir des troubles de l'appétit, avec une perte ou une augmentation de l'appétit. Ces changements peuvent être le résultat du stress et de l'anxiété liés au burn-out.

Pour améliorer ces signes comportementaux, il est important de mettre en place une routine de sommeil régulière et de favoriser un environnement propice au repos. Éviter les stimulants comme la caféine et l'alcool avant le coucher peut également aider à favoriser un sommeil réparateur. En ce qui concerne l'alimentation, il est recommandé de privilégier une alimentation équilibrée et nutritive, en évitant les aliments transformés et riches en sucre.

2.3.5 Perte d'intérêt pour les activités personnelles

Le burn-out peut entraîner une perte d'intérêt pour les activités personnelles et les loisirs. Les personnes touchées peuvent se sentir démotivées et incapables de trouver du plaisir dans les activités qui leur plaisaient autrefois. Elles peuvent également avoir du mal à se détendre et à profiter de leur temps libre, se sentant constamment préoccupées par leur travail et leurs responsabilités.

Pour retrouver l'intérêt pour les activités personnelles, il est important de prendre du temps pour soi et de se consacrer à des activités qui procurent du plaisir et de la satisfaction. Il peut être utile de planifier des moments de détente et de loisirs dans son emploi du temps, en se fixant des objectifs réalistes et réalisables. Il est également essentiel de se déconnecter du travail pendant les périodes de repos et de se consacrer pleinement à des activités qui permettent de se ressourcer.

En reconnaissant ces signes comportementaux du burn-out, il est possible de prendre des mesures pour prévenir l'aggravation de la situation et retrouver un équilibre. Il est important de se rappeler qu'il n'y a pas de solution universelle pour surmonter le burn-out, chaque individu étant unique. Il est donc essentiel d'adapter les stratégies de gestion du burn-out à ses propres besoins et de chercher un soutien professionnel si nécessaire.

2.4 Les signes cognitifs du burn-out

Le burn-out est un état d'épuisement professionnel qui peut avoir de nombreuses répercussions sur notre santé mentale et émotionnelle. Outre les signes physiques, émotionnels et comportementaux, il existe également des signes cognitifs qui peuvent indiquer la présence d'un burn-out. Ces signes sont liés à notre façon de penser, de traiter l'information et de prendre des décisions. Dans cette section, nous allons explorer les signes cognitifs du burn-out et comment les reconnaître.

2.4.1 Difficultés de concentration et de mémoire

Lorsque nous sommes confrontés à un burn-out, notre capacité de concentration et de mémoire peut être grandement affectée. Nous pouvons avoir du mal à nous concentrer sur une tâche donnée, à rester attentifs et à maintenir notre attention pendant de longues périodes. De plus, notre mémoire peut également être altérée, ce qui rend difficile la récupération d'informations précédemment apprises.

2.4.2 Pensées négatives et pessimistes

Les personnes souffrant de burn-out ont souvent tendance à adopter des pensées négatives et pessimistes. Elles peuvent se sentir dépassées par les événements, avoir une vision pessimiste de l'avenir et se concentrer sur les aspects négatifs de leur vie professionnelle et personnelle. Ces pensées peuvent entraîner une baisse de motivation, une perte d'estime de soi et une diminution de la confiance en ses capacités.

2.4.3 Difficultés de prise de décision

Le burn-out peut également affecter notre capacité à prendre des décisions. Nous pouvons ressentir une grande confusion et avoir du mal à évaluer les différentes options qui s'offrent à nous. Les décisions qui étaient autrefois faciles à prendre deviennent soudainement compliquées et stressantes. Cette difficulté à prendre des décisions peut entraîner une paralysie et un sentiment d'impuissance.

2.4.4 Ruminations et préoccupations constantes

Les personnes en burn-out ont souvent tendance à ruminer et à se préoccuper de manière excessive. Elles peuvent avoir du mal à se détacher de leurs pensées et à se relaxer mentalement. Les ruminations constantes peuvent entraîner une augmentation du stress et de l'anxiété, ce qui aggrave encore davantage l'état de burn-out.

2.4.5 Baisse de créativité et d'innovation

Le burn-out peut également avoir un impact sur notre créativité et notre capacité à innover. Nous pouvons nous sentir bloqués, manquer d'inspiration et avoir du mal à trouver de nouvelles idées. Cette baisse de créativité peut être particulièrement préjudiciable dans des professions qui nécessitent un haut niveau d'innovation et de résolution de problèmes.

2.4.6 Doutes et remise en question de soi

Les personnes en burn-out peuvent également ressentir des doutes et remettre en question leurs compétences et leurs capacités. Elles peuvent se sentir incompétentes, avoir peur de ne pas être à la hauteur et d'échouer dans leurs responsabilités professionnelles. Ces doutes peuvent entraîner une perte de confiance en soi et une diminution de l'estime de soi.

2.4.7 Difficultés de communication et d'expression

Enfin, le burn-out peut également affecter notre capacité à communiquer et à nous exprimer efficacement. Nous pouvons avoir du mal à trouver les mots justes, à exprimer nos idées de manière claire et cohérente, et à communiquer nos besoins et nos émotions aux autres. Cette difficulté de communication peut entraîner des conflits relationnels et une diminution de la satisfaction au travail.

Il est important de reconnaître ces signes cognitifs du burn-out afin de pouvoir prendre les mesures nécessaires pour prévenir et surmonter cet état d'épuisement professionnel. Dans les prochains chapitres, nous aborderons des stratégies concrètes pour prévenir le burn-out, gérer le stress et retrouver l'équilibre dans notre vie professionnelle et personnelle.

Chapitre 3 : Prévenir le burn-out

3.1 Gérer le stress au quotidien

Le stress est une réaction naturelle du corps face à une situation perçue comme menaçante ou difficile. Cependant, lorsque le stress devient chronique et incontrôlable, il peut entraîner de nombreux problèmes de santé, y compris le burn-out. Dans cette section, nous allons explorer différentes stratégies pour gérer le stress au quotidien et prévenir ainsi l'épuisement professionnel.

3.1.1 Identifier les sources de stress

Avant de pouvoir gérer efficacement le stress, il est important d'identifier les sources qui en sont à l'origine. Prenez le temps de réfléchir aux situations, aux personnes ou aux activités qui vous causent du stress. Est-ce votre charge de travail excessive ? Les conflits relationnels au travail ? Les problèmes familiaux ? Une fois que vous avez identifié ces sources de stress, vous pouvez commencer à élaborer des stratégies pour les gérer.

3.1.2 Adopter une approche proactive

La gestion du stress nécessite une approche proactive. Au lieu de simplement réagir aux situations stressantes, essayez d'anticiper et de prévenir le stress autant que possible. Par exemple, si vous savez que les réunions du lundi matin sont particulièrement stressantes, préparez-vous à l'avance en organisant vos tâches de manière à ce que vous soyez prêt et détendu. De plus, essayez de planifier des moments de détente et de relaxation dans votre emploi du temps chargé.

3.1.3 Pratiquer des techniques de relaxation

La relaxation est un outil puissant pour gérer le stress au quotidien. Il existe de nombreuses techniques de relaxation qui peuvent vous aider à vous détendre et à réduire votre niveau de stress. Parmi les plus courantes, on trouve la respiration profonde, la méditation, le yoga et la visualisation. Essayez différentes techniques pour trouver celle qui vous convient le mieux et intégrez-les dans votre routine quotidienne.

3.1.4 Faire de l'exercice régulièrement

L'exercice physique est non seulement bénéfique pour votre santé physique, mais il peut également jouer un rôle important dans la gestion du stress. Lorsque vous faites de l'exercice, votre corps libère des endorphines, des substances chimiques qui agissent comme des analgésiques naturels et améliorent votre humeur. Trouvez une activité physique que vous aimez, que ce soit la marche, la course à pied, la natation ou le yoga, et essayez de l'intégrer dans votre routine quotidienne.

3.1.5 Pratiquer la gestion du temps

La gestion du temps est essentielle pour réduire le stress. Apprenez à établir des priorités et à planifier votre journée de manière efficace. Identifiez les tâches les plus importantes et concentrez-vous sur celles-ci en premier. Évitez la procrastination et essayez de vous organiser de manière à avoir suffisamment de temps pour accomplir vos tâches sans vous sentir débordé. De plus, n'oubliez pas de prévoir des moments de pause pour vous reposer et vous ressourcer.

3.1.6 Adopter un mode de vie sain

Un mode de vie sain peut contribuer grandement à la gestion du stress. Assurez-vous de bien manger en privilégiant une alimentation équilibrée et riche en nutriments. Évitez les aliments transformés et les excitants tels que la caféine et l'alcool, qui peuvent aggraver le stress. De plus, veillez à dormir suffisamment pour permettre à votre corps de récupérer et de se régénérer. Enfin, essayez de limiter votre exposition aux écrans et de vous accorder du temps pour des activités qui vous plaisent.

3.1.7 Cultiver des relations positives

Les relations sociales jouent un rôle crucial dans la gestion du stress. Entourez-vous de personnes positives et encourageantes qui vous soutiennent dans votre démarche. Partagez vos préoccupations et vos émotions avec vos proches et n'hésitez pas à demander de l'aide lorsque vous en avez besoin. De plus, essayez de cultiver des relations professionnelles saines en favorisant la communication et la collaboration avec vos collègues.

3.1.8 Apprendre à lâcher prise

Apprendre à lâcher prise est essentiel pour gérer le stress au quotidien. Acceptez que certaines choses sont hors de votre contrôle et concentrez-vous sur ce que vous pouvez changer. Apprenez à vous détacher des situations stressantes et à adopter une attitude plus détendue et flexible. Pratiquez la gratitude et la pleine conscience pour vous aider à rester ancré dans le moment présent et à apprécier les petites choses de la vie.

En mettant en pratique ces différentes stratégies, vous serez en mesure de gérer le stress au quotidien de manière plus efficace et de prévenir ainsi le burn-out. N'oubliez pas que chaque personne est unique, il est donc important de trouver les techniques qui vous conviennent le mieux. Soyez patient avec vous-même et persévérez dans votre démarche vers l'équilibre et le bien-être.

3.2 Établir des limites et dire non

Lorsque vous êtes confronté à des demandes excessives ou à des situations qui vous dépassent, il est essentiel d'établir des limites claires et de savoir dire non. Cela peut sembler difficile, mais c'est une étape cruciale pour prévenir le burn-out et maintenir un équilibre sain dans votre vie.

3.2.1 Définir vos priorités

La première étape pour établir des limites est de définir vos priorités. Qu'est-ce qui est vraiment important pour vous ? Quels sont vos objectifs et vos valeurs ? En identifiant clairement ce qui compte le plus pour vous, vous pourrez mieux orienter vos décisions et déterminer où vous devez fixer vos limites.

3.2.2 Apprendre à dire non

Dire non peut être difficile, surtout si vous avez l'habitude de vouloir plaire aux autres ou de craindre les conflits. Cependant, il est important de comprendre que dire non est un acte de respect envers vous-même. Vous avez le droit de protéger votre bien-être et de préserver votre énergie.

Lorsque vous dites non, soyez clair et assertif. Expliquez vos raisons de manière respectueuse, mais ferme. Vous n'avez pas besoin de vous justifier ou de vous sentir coupable. Rappelez-vous que vous avez le droit de prendre soin de vous et de préserver votre équilibre.

3.2.3 Établir des limites au travail

Le travail est souvent l'un des principaux facteurs de stress et de surmenage. Il est donc essentiel d'établir des limites claires pour prévenir le burn-out. Voici quelques conseils pour y parvenir :

- Définissez des heures de travail régulières et respectez-les autant que possible. Évitez de vous laisser emporter par les demandes incessantes et apprenez à dire non lorsque vous avez déjà atteint votre limite.

- Fixez des limites quant au volume de travail que vous pouvez réaliser dans une journée ou une semaine. Ne vous surchargez pas de tâches au-delà de vos capacités.
- Apprenez à déléguer et à demander de l'aide lorsque cela est nécessaire. Ne vous sentez pas obligé de tout faire vous-même.
- Évitez de prendre du travail à la maison, sauf si c'est absolument nécessaire. Il est important de séparer votre vie professionnelle de votre vie personnelle pour maintenir un équilibre sain.

3.2.4 Établir des limites dans vos relations personnelles

Il est également important d'établir des limites dans vos relations personnelles pour prévenir le burn-out. Voici quelques conseils pour y parvenir :

- Communiquez ouvertement avec vos proches et exprimez vos besoins et vos limites. Expliquez-leur que vous avez besoin de temps pour vous reposer et vous ressourcer.
- Apprenez à dire non aux demandes excessives de votre entourage. Vous n'êtes pas obligé de répondre à toutes les sollicitations et de satisfaire les attentes des autres.
- Établissez des moments de détente et de loisirs pour vous-même. Accordez-vous du temps pour faire les activités qui vous plaisent et qui vous permettent de vous ressourcer.
- Fixez des limites claires en ce qui concerne les discussions ou les sujets qui vous mettent mal à l'aise. N'hésitez pas à exprimer vos limites et à demander à ce que ces sujets soient évités.

3.2.5 Apprendre à gérer les conflits

Lorsque vous établissez des limites et que vous dites non, il est possible que vous rencontriez des conflits avec certaines personnes. Apprendre à gérer ces conflits de manière constructive est essentiel pour maintenir un équilibre sain. Voici quelques conseils pour vous aider :

- Restez calme et respectueux lors des discussions conflictuelles. Écoutez attentivement l'autre personne et exprimez vos points de vue de manière assertive.
- Cherchez des solutions de compromis lorsque cela est possible. Essayez de trouver un terrain d'entente qui respecte à la fois vos limites et les besoins de l'autre personne.
- Si le conflit devient trop intense ou toxique, n'hésitez pas à vous éloigner de la situation. Parfois, la meilleure solution est de prendre du recul et de protéger votre bien-être.

En établissant des limites claires et en apprenant à dire non, vous pourrez prévenir le burn-out et maintenir un équilibre sain dans votre vie. N'oubliez pas que vous avez le droit de prendre soin de vous et de préserver votre bien-être.

3.3 Trouver un équilibre entre vie professionnelle et vie personnelle

L'un des aspects essentiels pour prévenir le burn-out est de trouver un équilibre sain entre sa vie professionnelle et sa vie personnelle. Dans notre société moderne, où les exigences professionnelles sont de plus en plus élevées, il est crucial de prendre conscience de l'importance de cette équilibre pour maintenir une bonne santé mentale et émotionnelle.

3.3.1 Définir ses priorités

Pour trouver cet équilibre, il est essentiel de commencer par définir clairement ses priorités. Prenez le temps de réfléchir à ce qui est vraiment important pour vous dans votre vie. Est-ce votre carrière, votre famille, votre santé, vos loisirs ? Identifiez les domaines qui nécessitent le plus d'attention et de temps de votre part.

Une fois que vous avez identifié vos priorités, il est important de les hiérarchiser. Cela vous permettra de consacrer votre énergie et votre temps aux choses qui comptent vraiment pour vous. Par exemple, si votre famille est une priorité, assurez-vous de réserver du temps de qualité pour passer avec vos proches.

3.3.2 Établir des limites claires

Pour maintenir un équilibre entre vie professionnelle et vie personnelle, il est essentiel d'établir des limites claires. Apprenez à dire non lorsque vous vous sentez dépassé ou lorsque vous avez besoin de prendre du temps pour vous-même. Fixez des limites quant au nombre d'heures que vous consacrez au travail et respectez-les.

Il est également important de définir des limites technologiques. Dans notre société hyperconnectée, il est facile de se laisser submerger par les e-mails, les appels professionnels et les notifications constantes. Établissez des moments de déconnexion où vous ne consultez pas vos e-mails professionnels ou ne répondez pas aux appels liés au travail. Cela vous permettra de vous ressourcer et de vous consacrer pleinement à votre vie personnelle.

3.3.3 Planifier son temps de manière efficace

La gestion du temps est un élément clé pour trouver un équilibre entre vie professionnelle et vie personnelle. Apprenez à planifier votre temps de manière efficace en identifiant les tâches prioritaires et en les intégrant dans votre emploi du temps. Utilisez des outils de gestion du temps tels que des agendas électroniques ou des applications pour vous aider à organiser votre journée.

Lorsque vous planifiez votre temps, assurez-vous d'inclure des moments dédiés à vos activités personnelles et à votre bien-être. Réservez du temps pour vos loisirs, vos activités physiques, vos moments de détente et de relaxation. Cela vous permettra de vous ressourcer et de recharger vos batteries, ce qui est essentiel pour prévenir le burn-out.

3.3.4 Apprendre à déléguer et à demander de l'aide

Une des clés pour trouver un équilibre entre vie professionnelle et vie personnelle est d'apprendre à déléguer et à demander de l'aide lorsque cela est nécessaire. Beaucoup de personnes ont du mal à déléguer, pensant qu'elles doivent tout faire elles-mêmes pour que les choses soient bien faites. Cependant, cela peut entraîner une surcharge de travail et un déséquilibre entre vie professionnelle et vie personnelle.

Apprenez à identifier les tâches qui peuvent être déléguées à d'autres personnes, que ce soit au travail ou à la maison. Faites confiance à vos collègues, à votre famille ou à vos amis pour vous soutenir et vous aider dans vos responsabilités. En déléguant, vous pourrez alléger votre charge de travail et consacrer plus de temps à vos activités personnelles.

N'ayez pas peur de demander de l'aide lorsque vous en avez besoin. Que ce soit pour gérer une surcharge de travail, pour obtenir des conseils ou pour bénéficier d'un soutien émotionnel, demander de l'aide est une démarche importante pour maintenir un équilibre sain entre vie professionnelle et vie personnelle.

3.3.5 Pratiquer la pleine conscience

La pleine conscience est une pratique qui peut vous aider à trouver un équilibre entre vie professionnelle et vie personnelle. Elle consiste à être pleinement présent dans l'instant présent, en portant une attention consciente à vos pensées, vos émotions et vos sensations physiques.

En pratiquant la pleine conscience, vous pouvez vous détacher du stress et des préoccupations liées au travail, et vous concentrer sur l'instant présent. Cela vous permettra de mieux gérer votre stress, de vous ressourcer et de profiter pleinement de vos moments de détente et de loisirs.

Il existe de nombreuses techniques de pleine conscience que vous pouvez intégrer dans votre quotidien, telles que la méditation, la respiration consciente, la marche en pleine conscience ou encore la pratique de la gratitude. Choisissez celle qui vous convient le mieux et pratiquez-la régulièrement pour trouver un équilibre entre vie professionnelle et vie personnelle.

En conclusion, trouver un équilibre entre vie professionnelle et vie personnelle est essentiel pour prévenir le burn-out. En définissant vos priorités, en établissant des limites claires, en planifiant votre temps de manière efficace, en déléguant et en pratiquant la pleine conscience, vous pourrez maintenir un équilibre sain et favoriser votre bien-être global.

3.4 Pratiquer des activités de relaxation et de détente

La pratique régulière d'activités de relaxation et de détente est essentielle pour surmonter le burn-out et retrouver un équilibre dans sa vie. Ces activités permettent de réduire le stress, de calmer l'esprit et de favoriser la récupération physique et mentale. Dans cette section, nous explorerons différentes techniques de relaxation et de détente qui peuvent être intégrées dans votre quotidien.

3.4.1 La méditation

La méditation est une pratique millénaire qui permet de calmer l'esprit et de se reconnecter à soi-même. Elle consiste à se concentrer sur le moment présent, en observant ses pensées et ses sensations sans jugement. La méditation peut être pratiquée assis, allongé ou même en marchant. Elle peut être guidée par des enregistrements audio ou être pratiquée en silence. La méditation régulière permet de réduire le stress, d'améliorer la concentration et de favoriser un état de calme intérieur.

3.4.2 La respiration profonde

La respiration profonde est une technique simple mais puissante pour se détendre rapidement. Elle consiste à prendre conscience de sa respiration et à l'allonger en inspirant profondément par le nez, en gonflant le ventre, puis en expirant lentement par la bouche. La respiration profonde permet de ralentir le rythme cardiaque, de détendre les muscles et d'apaiser l'esprit. Elle peut être pratiquée à tout moment de la journée, que ce soit au travail, à la maison ou même dans les transports en commun.

3.4.3 Le yoga

Le yoga est une pratique ancestrale qui combine des postures physiques, des exercices de respiration et de méditation. Il permet de renforcer le corps, d'améliorer la flexibilité et de calmer l'esprit. Le yoga peut être pratiqué dans un studio avec un professeur ou à domicile en suivant des vidéos ou des livres d'exercices. Il existe différentes formes de yoga, certaines axées sur la relaxation et d'autres sur la tonicité musculaire. Choisissez celle qui correspond le mieux à vos besoins et à vos préférences.

3.4.4 Les techniques de relaxation musculaire

Les techniques de relaxation musculaire sont particulièrement efficaces pour relâcher les tensions physiques et mentales. Elles consistent à contracter puis relâcher les différents groupes musculaires du corps, en commençant par les pieds et en remontant progressivement jusqu'à la tête. Cette pratique permet de prendre conscience des tensions accumulées dans le corps et de les relâcher en profondeur. Les techniques de relaxation musculaire peuvent être pratiquées allongé ou assis, et peuvent être combinées avec la respiration profonde pour un effet encore plus relaxant.

3.4.5 Les activités créatives

Les activités créatives telles que la peinture, le dessin, l'écriture ou la musique sont d'excellents moyens de se détendre et de libérer son esprit. Elles permettent de s'exprimer librement, de laisser aller ses émotions et de se reconnecter à sa créativité intérieure. Que vous soyez artiste confirmé ou débutant, l'important est de vous laisser porter par votre imagination et de vous accorder du temps pour pratiquer ces activités. Vous verrez que cela vous procurera un sentiment de bien-être et de détente profonde.

3.4.6 Les bains relaxants

Prendre un bain chaud et relaxant est une excellente façon de se détendre après une journée stressante. Ajoutez quelques gouttes d'huiles essentielles apaisantes comme la lavande ou la camomille pour favoriser la relaxation. Vous pouvez également ajouter du sel d'Epsom pour détendre les muscles et soulager les tensions. Prenez le temps de vous immerger dans l'eau chaude, de fermer les yeux et de vous laisser porter par la sensation de détente et de bien-être.

3.4.7 La marche en pleine nature

La marche en pleine nature est une activité simple mais extrêmement bénéfique pour se détendre et se ressourcer. Loin du bruit et du stress de la vie quotidienne, la nature offre un environnement propice à la relaxation et à la reconnexion avec soi-même. Prenez le temps de vous promener dans un parc, en forêt ou au bord de la mer, en observant les paysages, en écoutant les bruits de la nature et en respirant l'air frais. La marche en pleine nature permet de libérer l'esprit, de réduire le stress et d'améliorer son bien-être général.

3.4.8 La pratique de la gratitude

La pratique de la gratitude consiste à prendre conscience des aspects positifs de sa vie et à exprimer sa reconnaissance pour eux. Cela peut se faire en tenant un journal de gratitude, en écrivant chaque jour les choses pour lesquelles vous êtes reconnaissant, ou en prenant simplement quelques instants chaque jour pour réfléchir à ce qui vous rend heureux et reconnaissant. La pratique de la gratitude permet de cultiver un état d'esprit positif, de se focaliser sur le positif plutôt que sur le négatif, et de favoriser un sentiment de bien-être et de détente.

3.4.9 La musique relaxante

La musique a un pouvoir apaisant sur l'esprit et le corps. Écouter de la musique relaxante peut aider à réduire le stress, à calmer l'anxiété et à favoriser la détente. Choisissez des morceaux de musique douce, instrumentale ou avec des sons naturels, et prenez le temps de vous installer confortablement, de fermer les yeux et de vous laisser porter par les notes. La musique relaxante peut être écoutée à tout moment de la journée, que ce soit chez vous, au travail ou même pendant vos déplacements.

3.4.10 La pratique du rire

Le rire est un excellent moyen de se détendre et de libérer les tensions accumulées. Il stimule la production d'endorphines, les hormones du bonheur, et favorise un état de bien-être général. Regardez une comédie, lisez des blagues, passez du temps avec des amis qui vous font rire, ou pratiquez des exercices de rire. Même si cela peut sembler artificiel au début, le simple fait de rire volontairement peut déclencher un véritable fou rire et vous procurer une sensation de détente et de légèreté.

Pratiquer régulièrement des activités de relaxation et de détente est essentiel pour surmonter le burn-out et retrouver un équilibre dans sa vie. Choisissez les techniques qui vous conviennent le mieux et intégrez-les dans votre quotidien. Prenez le temps de vous accorder des moments de détente et de bien-être, et vous verrez que cela aura un impact positif sur votre santé physique et mentale.

Chapitre 4 : Gérer le burn-out

4.1 Accepter la réalité du burn-out

Le burn-out est une réalité difficile à accepter pour de nombreuses personnes. Il est souvent perçu comme un échec personnel ou professionnel, ce qui peut entraîner de la honte et de la culpabilité. Cependant, il est essentiel de comprendre que le burn-out n'est pas une faiblesse, mais plutôt le résultat d'une accumulation de stress et de pression.

4.1.1 Reconnaître les signes du burn-out

Avant de pouvoir accepter la réalité du burn-out, il est important de reconnaître les signes qui l'accompagnent. Ces signes peuvent varier d'une personne à l'autre, mais ils incluent généralement une fatigue intense et persistante, un sentiment d'épuisement émotionnel, des difficultés de concentration, des troubles du sommeil, des changements d'appétit, des maux de tête fréquents, et une diminution de la motivation et de l'efficacité au travail.

Il est également courant de ressentir des émotions négatives telles que l'irritabilité, l'anxiété, la tristesse et la perte d'intérêt pour les activités habituelles. Si vous vous reconnaissez dans ces symptômes, il est important de prendre au sérieux votre état et de chercher de l'aide.

4.1.2 Comprendre les causes du burn-out

Accepter la réalité du burn-out implique également de comprendre les causes qui ont conduit à cet état d'épuisement. Le burn-out est souvent le résultat d'une combinaison de facteurs professionnels, personnels et environnementaux.

Au niveau professionnel, des facteurs tels qu'une charge de travail excessive, des attentes élevées, un manque de soutien de la part de la direction, un manque de reconnaissance, et un manque d'autonomie peuvent contribuer au développement du burn-out.

Au niveau personnel, des traits de personnalité perfectionnistes, une faible estime de soi, des difficultés à gérer le stress, et un manque de ressources pour faire face aux difficultés peuvent également jouer un rôle.

Enfin, l'environnement dans lequel nous évoluons peut également avoir un impact sur notre bien-être. Des facteurs tels qu'un manque d'équilibre entre vie professionnelle et vie personnelle, des problèmes relationnels, et un manque de soutien social peuvent aggraver le risque de burn-out.

4.1.3 Faire face à la réalité

Accepter la réalité du burn-out peut être un processus difficile, mais c'est une étape essentielle pour pouvoir commencer à se rétablir. Il est important de reconnaître que le burn-out n'est pas de votre faute et qu'il ne définit pas votre valeur en tant que personne.

Il peut être utile de parler de votre situation à des personnes de confiance, comme un ami, un membre de votre famille ou un professionnel de la santé. Leur soutien et leur compréhension peuvent vous aider à accepter votre réalité et à vous sentir moins seul dans votre parcours de guérison.

Il est également important de prendre le temps de vous reposer et de vous ressourcer. Le burn-out est souvent le résultat d'une surcharge de travail et d'un manque de temps pour soi. En vous accordant des moments de détente et de plaisir, vous pourrez commencer à reconstruire votre énergie et à retrouver un équilibre dans votre vie.

4.1.4 Se fixer des objectifs réalistes

Une fois que vous avez accepté la réalité du burn-out, il est temps de commencer à vous fixer des objectifs réalistes pour votre rétablissement.

Il est important de prendre les choses étape par étape et de ne pas vous mettre trop de pression.

Fixez-vous des objectifs simples et réalisables, comme prendre soin de votre santé physique en faisant de l'exercice régulièrement, adopter des techniques de relaxation pour gérer le stress, et établir des limites claires entre votre vie professionnelle et votre vie personnelle.

N'oubliez pas que le rétablissement du burn-out est un processus qui prend du temps. Soyez patient avec vous-même et ne vous attendez pas à des résultats immédiats. Chaque petit pas que vous faites vers votre rétablissement est une victoire en soi.

En acceptant la réalité du burn-out, vous vous donnez la possibilité de guérir et de retrouver l'équilibre dans votre vie. N'oubliez pas que vous n'êtes pas seul dans cette épreuve et qu'il existe des ressources et des professionnels qui peuvent vous accompagner tout au long de votre parcours de rétablissement.

4.2 Demander de l'aide et se faire accompagner

Lorsque vous êtes confronté à un burn-out, il est essentiel de comprendre que vous n'avez pas à affronter cette épreuve seul. Demander de l'aide et vous faire accompagner par des professionnels compétents peut jouer un rôle crucial dans votre processus de guérison. Dans cette section, nous aborderons l'importance de rechercher un soutien extérieur et les différentes ressources disponibles pour vous aider à surmonter le burn-out.

4.2.1 Consulter un professionnel de la santé

Lorsque vous êtes en proie à un burn-out, il est essentiel de consulter un professionnel de la santé qualifié. Un médecin généraliste, un psychiatre ou un psychologue spécialisé dans les troubles du stress et de l'épuisement professionnel pourra vous aider à évaluer votre situation et à mettre en place un plan de traitement adapté à vos besoins.

Le professionnel de la santé pourra vous aider à comprendre les causes profondes de votre burn-out, à identifier les facteurs de stress qui ont contribué à votre épuisement et à développer des stratégies pour y faire face. Il pourra également vous orienter vers d'autres professionnels de la santé si nécessaire, tels qu'un nutritionniste, un coach de vie ou un thérapeute spécialisé dans les techniques de relaxation.

4.2.2 Rejoindre un groupe de soutien

Le fait de partager votre expérience avec d'autres personnes qui ont vécu ou qui vivent actuellement un burn-out peut être extrêmement bénéfique. Rejoindre un groupe de soutien vous permettra de vous sentir compris, écouté et soutenu par des personnes qui traversent des situations similaires.

Les groupes de soutien offrent un espace sécurisé où vous pouvez partager vos émotions, vos préoccupations et vos difficultés. Ils vous permettent également d'apprendre des stratégies d'adaptation efficaces et de recevoir des conseils pratiques de personnes qui ont déjà surmonté un burn-out. Vous pouvez trouver des groupes de soutien locaux ou en ligne, animés par des professionnels de la santé ou des bénévoles formés.

4.2.3 Faire appel à un coach ou un thérapeute

Un coach ou un thérapeute spécialisé dans la gestion du burn-out peut vous aider à développer des compétences et des stratégies pour surmonter cette épreuve. Ils vous accompagneront tout au long de votre parcours de guérison, en vous fournissant un soutien émotionnel, des conseils pratiques et des outils pour gérer le stress et retrouver l'équilibre.

Le coach ou le thérapeute vous aidera à identifier les schémas de pensée négatifs et les comportements qui ont contribué à votre burn-out, et vous guidera dans l'adoption de nouvelles habitudes de vie saines. Ils peuvent également vous aider à renforcer votre estime de soi, à améliorer vos compétences en gestion du temps et à établir des limites saines dans votre vie professionnelle et personnelle.

4.2.4 Solliciter le soutien de votre entourage

Votre entourage, qu'il s'agisse de votre famille, de vos amis ou de vos collègues, peut jouer un rôle essentiel dans votre processus de guérison. Il est important de communiquer ouvertement avec vos proches et de leur expliquer ce que vous traversez. Leur soutien émotionnel et leur compréhension peuvent vous aider à vous sentir moins seul et à renforcer votre résilience.

N'hésitez pas à solliciter l'aide de vos proches dans les tâches quotidiennes, afin de vous soulager et de vous permettre de vous concentrer sur votre rétablissement. Ils peuvent également vous accompagner lors de vos rendez-vous médicaux ou thérapeutiques, et vous encourager à suivre les recommandations de vos professionnels de la santé.

4.2.5 Utiliser les ressources en ligne

Internet regorge de ressources utiles pour vous aider à surmonter le burn-out. Vous pouvez trouver des articles, des vidéos, des podcasts et des forums de discussion qui abordent différents aspects du burn-out et qui proposent des conseils pratiques pour retrouver l'équilibre.

Cependant, il est important de faire preuve de discernement lors de votre recherche en ligne. Assurez-vous de consulter des sources fiables et basées sur des preuves scientifiques. N'hésitez pas à vérifier les qualifications des auteurs et à prendre en compte les avis et les expériences d'autres personnes.

En conclusion, demander de l'aide et se faire accompagner est une étape essentielle dans le processus de guérison du burn-out. Que ce soit en consultant un professionnel de la santé, en rejoignant un groupe de soutien, en faisant appel à un coach ou un thérapeute, en sollicitant le soutien de votre entourage ou en utilisant les ressources en ligne, il existe de nombreuses options disponibles pour vous aider à retrouver l'équilibre. N'oubliez pas que vous n'êtes pas seul dans cette épreuve et que le soutien extérieur peut faire toute la différence dans votre rétablissement.

4.3 Revoir ses priorités et ses objectifs

Lorsque vous faites face à un burn-out, il est essentiel de revoir vos priorités et vos objectifs afin de retrouver un équilibre dans votre vie. Le burn-out est souvent le résultat d'une surcharge de travail, d'un manque de temps pour soi et d'une négligence de ses propres besoins. Dans cette section, nous allons explorer comment revoir vos priorités et vos objectifs pour vous aider à surmonter le burn-out et retrouver l'équilibre dans votre vie.

4.3.1 Identifier vos priorités

La première étape pour revoir vos priorités est de prendre le temps de réfléchir à ce qui est vraiment important pour vous. Quelles sont les choses qui vous apportent de la joie, de la satisfaction et du bien-être ? Quels sont vos objectifs à long terme ? Quels sont les aspects de votre vie que vous souhaitez améliorer ? Prenez le temps de faire une liste de vos priorités et classez-les par ordre d'importance.

4.3.2 Éliminer les tâches non essentielles

Une fois que vous avez identifié vos priorités, il est temps d'éliminer les tâches non essentielles de votre emploi du temps. Souvent, nous nous surchargeons de tâches qui ne sont pas vraiment importantes ou qui pourraient être déléguées à d'autres personnes. Faites une liste de toutes les tâches que vous effectuez régulièrement et évaluez leur importance. Identifiez celles qui peuvent être éliminées ou déléguées, afin de libérer du temps pour vous concentrer sur ce qui compte vraiment.

4.3.3 Fixer des objectifs réalistes

Lorsque vous reprenez le contrôle de votre vie après un burn-out, il est important de fixer des objectifs réalistes. Fixer des objectifs trop ambitieux peut entraîner une pression supplémentaire et un sentiment d'échec si vous ne parvenez pas à les atteindre. Au lieu de cela, définissez des objectifs réalisables et progressifs. Divisez vos objectifs à long terme en étapes plus petites et plus faciles à atteindre. Cela vous permettra de mesurer vos progrès et de rester motivé tout au long du processus.

4.3.4 Établir un emploi du temps équilibré

Pour retrouver l'équilibre dans votre vie, il est essentiel d'établir un emploi du temps équilibré. Cela signifie allouer du temps à toutes les sphères importantes de votre vie, y compris le travail, la famille, les loisirs et le repos. Planifiez votre semaine de manière à ce que chaque domaine ait sa place dans votre emploi du temps. Accordez-vous des moments de détente et de repos, ainsi que des moments de qualité avec vos proches. En établissant un emploi du temps équilibré, vous vous assurez de ne pas négliger certaines parties de votre vie au détriment d'autres.

4.3.5 Apprendre à dire non

L'une des raisons principales du burn-out est souvent le fait de ne pas savoir dire non. Apprenez à établir des limites et à refuser les demandes qui ne correspondent pas à vos priorités. Il est important de reconnaître que vous ne pouvez pas tout faire et que vous avez le droit de prendre soin de vous. Apprenez à dire non de manière respectueuse et assertive, en expliquant clairement vos raisons. En apprenant à dire non, vous vous protégez contre la surcharge de travail et vous vous assurez de consacrer votre temps et votre énergie à ce qui compte vraiment pour vous.

4.3.6 Faire régulièrement le point

Pour maintenir un équilibre dans votre vie, il est important de faire régulièrement le point sur vos priorités et vos objectifs. Prenez le temps de réévaluer vos priorités et de vous assurer qu'elles sont toujours alignées avec vos valeurs et vos aspirations. Réfléchissez à vos objectifs et ajustez-les si nécessaire. Faire régulièrement le point vous permet de rester sur la bonne voie et de vous assurer que vous ne vous éloignez pas de votre équilibre.

En reconsidérant vos priorités et vos objectifs, vous pouvez retrouver un équilibre dans votre vie et surmonter le burn-out. Prenez le temps de réfléchir à ce qui est vraiment important pour vous, éliminez les tâches non essentielles, fixez des objectifs réalistes, établissez un emploi du temps équilibré, apprenez à dire non et faites régulièrement le point. En suivant ces étapes, vous serez sur la voie de la guérison et de l'équilibre.

4.4 Apprendre à se reposer et à se ressourcer

Le repos et la récupération sont des éléments essentiels pour surmonter le burn-out et retrouver l'équilibre dans votre vie. Dans cette section, nous allons explorer différentes stratégies et techniques pour vous aider à vous reposer et à vous ressourcer efficacement.

4.4.1 Créer un environnement propice au repos

Il est important de créer un environnement propice au repos dans votre vie quotidienne. Voici quelques conseils pour y parvenir :

- Aménagez un espace de détente dans votre domicile où vous pourrez vous retirer et vous relaxer. Cela peut être une pièce dédiée à la méditation, à la lecture ou simplement à la relaxation.
- Éliminez les distractions de votre environnement, comme les

appareils électroniques ou les bruits excessifs. Créez un espace calme et paisible où vous pourrez vous détendre pleinement.

- Assurez-vous d'avoir un lit confortable et propice au sommeil. Investissez dans une literie de qualité et créez une atmosphère propice à la détente dans votre chambre à coucher.

4.4.2 Pratiquer des techniques de relaxation

La relaxation est un outil puissant pour se reposer et se ressourcer. Voici quelques techniques de relaxation que vous pouvez intégrer dans votre routine quotidienne :

- La respiration profonde : Prenez quelques minutes chaque jour pour pratiquer la respiration profonde. Asseyez-vous confortablement, fermez les yeux et inspirez profondément par le nez en gonflant votre abdomen. Expirez lentement par la bouche en relâchant toutes les tensions. Répétez cet exercice plusieurs fois pour vous détendre et vous recentrer.
- La méditation : La méditation est une pratique qui permet de calmer l'esprit et de se connecter à l'instant présent. Trouvez un endroit calme, asseyez-vous confortablement et concentrez-vous sur votre respiration. Laissez les pensées passer sans vous y attacher. La méditation régulière peut vous aider à réduire le stress et à retrouver un état de calme intérieur.
- Le yoga : Le yoga est une pratique qui combine mouvements doux, respiration et méditation. Il peut vous aider à relâcher les tensions physiques et mentales, à améliorer votre flexibilité et à retrouver un équilibre intérieur. Trouvez une classe de yoga près de chez vous ou pratiquez à la maison en suivant des vidéos en ligne.

4.4.3 Établir une routine de sommeil régulière

Le sommeil joue un rôle crucial dans la récupération du burn-out. Il est important d'établir une routine de sommeil régulière pour favoriser un repos de qualité. Voici quelques conseils pour améliorer votre sommeil :

- Fixez une heure de coucher et de lever régulière, même les week-ends. Cela permettra à votre corps de réguler son horloge interne et de favoriser un sommeil réparateur.
- Évitez les stimulants tels que la caféine, l'alcool et la nicotine avant le coucher. Privilégiez plutôt une tisane relaxante ou une activité apaisante comme la lecture.
- Créez une routine de relaxation avant le coucher. Cela peut inclure des activités telles que la lecture d'un livre, l'écoute de musique douce ou la pratique de la méditation.

4.4.4 S'accorder des moments de plaisir et de loisirs

Il est essentiel de s'accorder des moments de plaisir et de loisirs pour se reposer et se ressourcer. Voici quelques idées pour intégrer des activités agréables dans votre quotidien :

- Faites une liste de vos activités préférées et planifiez-les régulièrement dans votre emploi du temps. Cela peut être une promenade en nature, une séance de cinéma, une sortie entre amis ou toute autre activité qui vous procure du plaisir.
- Pratiquez un hobby ou une activité créative qui vous permet de vous évader et de vous détendre. Cela peut être la peinture, la danse, le jardinage ou tout autre passe-temps qui vous passionne.
- Accordez-vous des moments de détente sans culpabilité. Prenez un bain chaud, écoutez de la musique relaxante ou offrez-vous un massage. Ces petits plaisirs peuvent avoir un

impact significatif sur votre bien-être.

En intégrant ces stratégies dans votre vie quotidienne, vous serez en mesure de vous reposer et de vous ressourcer efficacement. N'oubliez pas que le repos est essentiel pour surmonter le burn-out et retrouver l'équilibre dans votre vie. Prenez soin de vous et accordez-vous le temps nécessaire pour vous ressourcer.

Chapitre 5 : Retrouver l'équilibre

5.1 Reprendre progressivement ses activités

Après avoir traversé un épisode de burn-out, il est essentiel de prendre le temps nécessaire pour se rétablir et se ressourcer. Cependant, une fois que vous vous sentez prêt à reprendre vos activités, il est important de le faire de manière progressive et adaptée à votre état de santé. Dans cette section, nous aborderons les différentes étapes à suivre pour reprendre progressivement vos activités et retrouver un équilibre dans votre vie.

5.1.1 Évaluer votre état de santé

Avant de reprendre vos activités, il est primordial d'évaluer votre état de santé actuel. Consultez votre médecin ou un professionnel de la santé pour obtenir un avis médical sur votre capacité à reprendre certaines activités. Ils pourront vous guider et vous donner des recommandations adaptées à votre situation.

5.1.2 Établir un plan de reprise

Une fois que vous avez évalué votre état de santé, il est temps d'établir un plan de reprise progressif. Commencez par identifier les activités que vous souhaitez reprendre et fixez-vous des objectifs réalistes. Divisez ces activités en étapes et déterminez la durée et l'intensité de chaque étape.

5.1.3 Commencer par des activités légères

Lorsque vous commencez à reprendre vos activités, il est recommandé de commencer par des activités légères et peu stressantes. Cela peut inclure des promenades, des activités de loisirs ou des tâches ménagères simples. L'objectif est de vous remettre en mouvement progressivement, sans vous surmener.

5.1.4 Respecter vos limites

Pendant cette période de reprise, il est essentiel de respecter vos limites physiques et émotionnelles. Écoutez votre corps et votre esprit, et ne forcez pas les choses. Si vous ressentez de la fatigue ou du stress, prenez le temps de vous reposer et de vous ressourcer. N'oubliez pas que la récupération est une étape importante dans le processus de guérison.

5.1.5 Éviter les situations stressantes

Lorsque vous reprenez vos activités, essayez d'éviter autant que possible les situations stressantes. Identifiez les facteurs de stress qui pourraient déclencher une rechute et prenez des mesures pour les éviter ou les gérer de manière proactive. Cela peut inclure la mise en place de stratégies de gestion du stress, la communication de vos besoins et la mise en place de limites claires.

5.1.6 S'entourer de soutien

Pendant cette période de reprise, il est important de s'entourer de soutien. Parlez à vos proches de votre situation et de vos objectifs de reprise. Ils pourront vous apporter leur soutien moral et pratique. Si nécessaire, envisagez également de consulter un professionnel de la santé mentale ou un coach spécialisé dans la gestion du burn-out. Ils pourront vous accompagner tout au long de votre processus de rétablissement.

5.1.7 Suivre votre progression

Pour vous assurer que vous progressez de manière adaptée, il est utile de suivre votre progression. Tenez un journal de vos activités et de vos émotions, et notez les changements que vous observez au fil du temps. Cela vous permettra de prendre conscience de vos progrès et de vous motiver à continuer.

5.1.8 Ajuster votre plan si nécessaire

Au fur et à mesure que vous reprenez vos activités, il est possible que vous rencontriez des difficultés ou que vous ressentiez le besoin d'ajuster votre plan. Soyez à l'écoute de vous-même et n'hésitez pas à modifier votre plan si cela est nécessaire. L'important est de trouver un équilibre qui vous convient et qui favorise votre rétablissement.

En suivant ces étapes et en reprenant progressivement vos activités, vous pourrez retrouver un équilibre dans votre vie après un épisode de burn-out. N'oubliez pas d'être patient avec vous-même et de prendre le temps nécessaire pour vous rétablir complètement. Votre santé et votre bien-être sont primordiaux, et vous méritez de retrouver une vie équilibrée et épanouissante.

5.2 Adopter une alimentation équilibrée

Une alimentation équilibrée joue un rôle essentiel dans la gestion du burn-out et dans le processus de récupération. En effet, les aliments que nous consommons ont un impact direct sur notre santé physique et mentale. Adopter de bonnes habitudes alimentaires peut contribuer à réduire les symptômes du burn-out, à renforcer notre système immunitaire et à favoriser notre bien-être général.

5.2.1 Les principes d'une alimentation équilibrée

Pour adopter une alimentation équilibrée, il est important de respecter certains principes fondamentaux. Voici quelques conseils pour vous guider :

1. Variez votre alimentation

Il est essentiel de consommer une grande variété d'aliments afin d'apporter à votre corps tous les nutriments dont il a besoin. Privilégiez les fruits et légumes frais, les céréales complètes, les protéines maigres (comme le poisson, la volaille et les légumineuses) et les produits laitiers faibles en matières grasses.

2. Évitez les aliments transformés

Les aliments transformés, riches en sucres ajoutés, en gras saturés et en additifs, peuvent avoir un impact négatif sur votre santé et votre bien-être. Privilégiez les aliments frais et non transformés autant que possible.

3. Limitez la consommation d'alcool et de caféine

L'alcool et la caféine peuvent perturber votre sommeil et augmenter votre niveau de stress. Limitez votre consommation d'alcool et de caféine, et privilégiez plutôt des boissons hydratantes comme l'eau, les tisanes ou les infusions.

4. Évitez les régimes restrictifs

Les régimes restrictifs peuvent entraîner des carences nutritionnelles et aggraver les symptômes du burn-out. Il est préférable d'adopter une approche équilibrée et de privilégier la modération plutôt que les restrictions excessives.

5.2.2 Les nutriments essentiels pour lutter contre le burn-out

Certains nutriments jouent un rôle particulièrement important dans la gestion du burn-out. Voici quelques-uns d'entre eux :

1. Les vitamines B

Les vitamines B, notamment la vitamine B6, la vitamine B9 (acide folique) et la vitamine B12, sont essentielles pour le bon fonctionnement du système nerveux et la régulation de l'humeur. Vous pouvez les trouver dans les légumes verts à feuilles, les céréales complètes, les légumineuses, les fruits secs et les produits laitiers.

2. Les oméga-3

Les oméga-3 sont des acides gras essentiels qui jouent un rôle important dans la santé cérébrale et la régulation de l'inflammation. Vous pouvez les trouver dans les poissons gras (comme le saumon, le maquereau et les sardines), les noix, les graines de lin et l'huile de colza.

3. Les antioxydants

Les antioxydants, présents dans les fruits et légumes colorés, aident à protéger les cellules contre les dommages oxydatifs causés par le stress. Consommez une variété de fruits et légumes tels que les baies, les agrumes, les épinards, les carottes et les tomates.

4. Le magnésium

Le magnésium est un minéral essentiel qui joue un rôle dans la régulation du stress et de l'anxiété. Vous pouvez le trouver dans les légumes verts à feuilles, les fruits secs, les graines, les noix et les céréales complètes.

5.2.3 Les bonnes pratiques alimentaires pour gérer le burn-out

En plus d'adopter une alimentation équilibrée, voici quelques bonnes pratiques alimentaires qui peuvent vous aider à gérer le burn-out :

1. Mangez régulièrement et ne sautez pas de repas

Il est important de maintenir une alimentation régulière pour éviter les baisses d'énergie et les fluctuations de l'humeur. Essayez de prendre trois repas équilibrés par jour et d'inclure des collations saines si nécessaire.

2. Prenez le temps de manger

Accordez-vous le temps nécessaire pour savourer vos repas et mâcher lentement. Cela favorise une meilleure digestion et vous permet de vous sentir rassasié plus rapidement.

3. Écoutez votre corps

Apprenez à reconnaître les signaux de faim et de satiété de votre corps. Mangez lorsque vous avez faim et arrêtez de manger lorsque vous vous sentez rassasié.

4. Hydratez-vous suffisamment

Une bonne hydratation est essentielle pour maintenir votre énergie et favoriser une bonne santé. Buvez de l'eau tout au long de la journée et évitez les boissons sucrées et les sodas.

5. Faites attention aux aliments réconfortants

Il est courant de se tourner vers des aliments réconfortants en période de stress, mais ceux-ci peuvent souvent être riches en calories et pauvres en nutriments. Essayez de trouver d'autres moyens de vous détendre et de vous réconforter, comme la pratique d'activités relaxantes ou la méditation.

Adopter une alimentation équilibrée est un élément clé pour surmonter le burn-out et retrouver l'équilibre. En combinant une alimentation saine avec d'autres stratégies de gestion du stress, vous pouvez progressivement restaurer votre bien-être physique et mental. N'hésitez pas à consulter un professionnel de la santé ou un nutritionniste pour obtenir des conseils personnalisés adaptés à vos besoins spécifiques.

5.3 Pratiquer une activité physique régulière

L'activité physique régulière joue un rôle essentiel dans la récupération et la prévention du burn-out. En effet, le mouvement et l'exercice physique ont de nombreux bienfaits sur le corps et l'esprit, permettant ainsi de retrouver un équilibre global. Dans cette section, nous explorerons l'importance de pratiquer une activité physique régulière et les différentes façons de l'intégrer dans votre quotidien.

Les bienfaits de l'activité physique sur le burn-out

Lorsque vous êtes en proie au burn-out, votre corps et votre esprit sont épuisés. L'activité physique régulière peut vous aider à retrouver de l'énergie, à réduire le stress et à améliorer votre bien-être général. Voici quelques-uns des principaux bienfaits de l'exercice physique sur le burn-out :

1. Réduction du stress et de l'anxiété

Lorsque vous faites de l'exercice, votre corps libère des endorphines, également connues sous le nom d'hormones du bonheur. Ces substances chimiques naturelles procurent une sensation de bien-être et aident à réduire le stress et l'anxiété. L'activité physique régulière peut donc être un excellent moyen de soulager les symptômes liés au burn-out.

2. Amélioration de l'humeur

L'exercice physique stimule la production de sérotonine, un neurotransmetteur qui joue un rôle clé dans la régulation de l'humeur. En pratiquant une activité physique régulière, vous favorisez la libération de sérotonine, ce qui peut vous aider à retrouver une humeur plus positive et équilibrée.

3. Augmentation de l'énergie

Bien que cela puisse sembler contre-intuitif, l'exercice physique régulier peut en réalité augmenter votre niveau d'énergie. En stimulant la circulation sanguine et en améliorant l'apport d'oxygène dans tout votre corps, l'activité physique vous permet de vous sentir plus alerte et dynamique.

4. Amélioration du sommeil

Le burn-out peut souvent perturber votre sommeil, ce qui aggrave encore plus les symptômes. Cependant, l'exercice physique régulier peut vous aider à retrouver un sommeil de meilleure qualité. En vous fatiguant physiquement, vous favorisez un endormissement plus rapide et un sommeil plus profond et réparateur.

Comment intégrer l'activité physique dans votre quotidien

Maintenant que vous comprenez les bienfaits de l'activité physique sur le burn-out, il est temps de trouver des moyens pratiques de l'intégrer dans votre quotidien. Voici quelques conseils pour vous aider à commencer :

1. Choisissez une activité qui vous plaît

Pour que l'activité physique devienne une habitude durable, il est essentiel de choisir une activité qui vous plaît. Que ce soit la marche, la course à pied, le yoga, la natation ou la danse, trouvez une activité qui vous motive et vous donne envie de la pratiquer régulièrement.

2. Fixez-vous des objectifs réalistes

Il est important de fixer des objectifs réalistes et réalisables en matière d'activité physique. Commencez par de petits objectifs, comme faire 30 minutes de marche trois fois par semaine, puis augmentez progressivement la durée et l'intensité de vos séances. Cela vous permettra de rester motivé et d'éviter les blessures.

3. Intégrez l'activité physique dans votre emploi du temps

Pour rendre l'activité physique plus facile à intégrer dans votre quotidien, planifiez-la dans votre emploi du temps. Bloquez un créneau horaire spécifique pour votre séance d'exercice et traitez-le comme une priorité. Vous pouvez également profiter des pauses déjeuner pour faire une promenade ou pratiquer des exercices de stretching.

4. Variez les activités

Pour éviter la monotonie et maintenir votre motivation, n'hésitez pas à varier les activités physiques que vous pratiquez. Alternez entre des exercices cardiovasculaires, des exercices de renforcement musculaire et des activités plus douces comme le yoga ou la méditation. Cela vous permettra de solliciter différents muscles et de stimuler votre corps de différentes manières.

5. Trouvez un partenaire d'entraînement

Trouver un partenaire d'entraînement peut être une excellente source de motivation et de soutien. Cherchez quelqu'un qui partage vos objectifs et votre intérêt pour l'activité physique, et planifiez des séances d'entraînement ensemble. Non seulement cela rendra l'exercice plus agréable, mais cela vous aidera également à rester responsable et à vous encourager mutuellement.

6. Soyez à l'écoute de votre corps

Lorsque vous pratiquez une activité physique, il est essentiel d'être à l'écoute de votre corps et de respecter ses limites. Ne vous poussez pas trop fort et n'ayez pas peur de prendre des jours de repos si vous en ressentez le besoin. L'objectif est de trouver un équilibre entre l'effort et le repos, afin de favoriser une récupération optimale.

En pratiquant une activité physique régulière, vous pouvez grandement contribuer à surmonter le burn-out et à retrouver un équilibre dans votre vie. N'oubliez pas que chaque petit pas compte, et que chaque séance d'exercice vous rapproche un peu plus de votre objectif de bien-être et de santé. Alors, mettez vos baskets et commencez dès aujourd'hui à prendre soin de vous à travers l'activité physique !

5.4 Cultiver des relations sociales positives

Les relations sociales jouent un rôle essentiel dans notre bien-être émotionnel et mental. Lorsque nous sommes confrontés au burn-out, il est crucial de cultiver des relations sociales positives pour nous aider à retrouver l'équilibre dans notre vie. Ces relations peuvent nous apporter un soutien émotionnel, nous aider à nous sentir compris et nous encourager dans notre processus de guérison. Dans cette section, nous explorerons l'importance des relations sociales positives et comment les cultiver pour favoriser notre rétablissement.

5.4.1 L'importance des relations sociales positives

Les relations sociales positives ont un impact significatif sur notre santé mentale et émotionnelle. Elles nous permettent de nous sentir connectés, soutenus et aimés. Lorsque nous sommes confrontés au burn-out, il est fréquent de se sentir isolé et épuisé émotionnellement. Cultiver des relations sociales positives peut nous aider à briser ce sentiment d'isolement et à retrouver un sentiment d'appartenance.

Les relations sociales positives peuvent également nous offrir un espace sûr pour exprimer nos émotions et partager nos expériences. En partageant nos difficultés avec des personnes de confiance, nous pouvons trouver du réconfort et des conseils précieux. Ces relations peuvent également nous aider à prendre du recul sur notre situation et à obtenir une perspective différente.

5.4.2 Identifier les relations sociales positives

Pour cultiver des relations sociales positives, il est important d'identifier les personnes qui nous apportent un soutien réel et positif. Ces personnes peuvent être des membres de notre famille, des amis proches, des collègues de confiance ou même des professionnels de la santé. Il est essentiel de choisir des personnes qui nous comprennent, nous respectent et nous soutiennent dans notre processus de guérison.

Il peut être utile de réfléchir à nos relations actuelles et de déterminer celles qui sont réellement positives et bénéfiques pour notre bien-être. Certaines relations peuvent être toxiques ou énergivores, et il est important de prendre conscience de leur impact sur notre santé mentale. En identifiant les relations positives, nous pouvons nous concentrer sur les cultiver et les renforcer.

5.4.3 Cultiver des relations sociales positives

Une fois que nous avons identifié les relations sociales positives, il est essentiel de les cultiver et de les entretenir. Voici quelques conseils pour y parvenir :

5.4.3.1 Communiquer ouvertement et honnêtement

La communication est la clé d'une relation sociale positive. Il est important d'exprimer nos besoins, nos émotions et nos préoccupations de manière ouverte et honnête. Cela permet aux autres de mieux nous comprendre et de nous soutenir de manière appropriée. La communication ouverte favorise également la confiance et renforce les liens entre les individus.

5.4.3.2 Passer du temps de qualité ensemble

Il est essentiel de consacrer du temps de qualité à nos relations sociales positives. Cela peut inclure des activités partagées, des sorties entre amis ou des moments de détente ensemble. Le temps passé ensemble renforce les liens et nous permet de nous sentir connectés et soutenus.

5.4.3.3 Être à l'écoute et faire preuve d'empathie

L'écoute active et l'empathie sont des compétences essentielles pour cultiver des relations sociales positives. Lorsque nous écoutons attentivement les autres et faisons preuve d'empathie, nous montrons notre soutien et notre compréhension. Cela renforce la confiance et favorise une communication ouverte et honnête.

5.4.3.4 Éviter les jugements et les critiques

Pour maintenir des relations sociales positives, il est important d'éviter les jugements et les critiques. Chacun a ses propres expériences et perspectives, et il est essentiel de les respecter. En évitant les jugements et les critiques, nous créons un environnement sûr et bienveillant où chacun peut s'exprimer librement.

5.4.3.5 Offrir son soutien et son aide

Dans des relations sociales positives, il est important d'offrir son soutien et son aide aux autres. En étant là pour nos proches et en les soutenant dans leurs difficultés, nous renforçons les liens et créons une dynamique d'entraide. Le soutien mutuel est essentiel pour traverser les moments difficiles et favoriser notre rétablissement.

Conclusion

Cultiver des relations sociales positives est essentiel pour retrouver l'équilibre après un burn-out. Ces relations nous offrent un soutien émotionnel, nous aident à nous sentir compris et nous encouragent dans notre processus de guérison. En identifiant les relations positives et en les cultivant, nous pouvons renforcer notre bien-être émotionnel et mental. Prenez le temps de nourrir ces relations et de les entretenir, car elles joueront un rôle clé dans votre rétablissement.

Chapitre 6 : Renforcer sa résilience

6.1 Développer une attitude positive

Lorsque vous faites face à un burn-out, il est essentiel de développer une attitude positive pour vous aider à surmonter cette épreuve. Une attitude positive peut vous aider à changer votre perspective, à renforcer votre résilience et à retrouver l'équilibre dans votre vie. Dans cette section, nous explorerons différentes stratégies pour développer une attitude positive et vous guider vers la guérison.

6.1.1 Reconnaître et changer les pensées négatives

L'une des premières étapes pour développer une attitude positive est de reconnaître et de remettre en question les pensées négatives qui peuvent vous envahir. Le burn-out peut souvent être accompagné de pensées pessimistes, de doutes et de critiques envers vous-même. Il est important de prendre conscience de ces pensées et de les remplacer par des pensées plus positives et réalistes.

Prenez le temps d'observer vos pensées et identifiez celles qui sont négatives ou auto-destructrices. Posez-vous des questions telles que "Est-ce que cette pensée est réaliste ?" ou "Est-ce que cette pensée me fait du bien ?". En remettant en question ces pensées, vous pouvez commencer à les remplacer par des pensées plus positives et constructives.

6.1.2 Pratiquer la gratitude

La gratitude est un puissant outil pour développer une attitude positive. Prendre le temps de reconnaître et d'apprécier les aspects positifs de votre vie peut vous aider à changer votre perspective et à vous concentrer sur les aspects positifs plutôt que sur les difficultés.

Chaque jour, prenez quelques minutes pour réfléchir à ce pour quoi vous êtes reconnaissant. Cela peut être de petites choses comme le sourire d'un ami, un moment de calme dans votre journée ou une réussite personnelle. Notez ces moments de gratitude dans un journal ou partagez-les avec quelqu'un de proche. En pratiquant la gratitude régulièrement, vous renforcerez votre attitude positive et votre bien-être émotionnel.

6.1.3 Cultiver l'optimisme

L'optimisme est une attitude mentale qui consiste à voir les situations difficiles comme des opportunités d'apprentissage et de croissance. Cultiver l'optimisme peut vous aider à surmonter les obstacles et à développer une attitude positive face au burn-out.

Lorsque vous êtes confronté à des difficultés, essayez de voir les aspects positifs de la situation. Demandez-vous ce que vous pouvez apprendre de cette expérience et comment cela peut vous aider à grandir en tant que personne. En adoptant une perspective optimiste, vous pouvez transformer les défis en opportunités et renforcer votre résilience face au burn-out.

6.1.4 Entourer vous de personnes positives

L'environnement social dans lequel vous évoluez peut avoir un impact significatif sur votre attitude et votre bien-être. Entourez-vous de personnes positives et encourageantes qui vous soutiennent dans votre parcours de guérison.

Identifiez les personnes de votre entourage qui vous apportent du soutien et de l'encouragement. Passez du temps avec elles et partagez vos expériences, vos émotions et vos objectifs. Évitez les personnes toxiques ou négatives qui peuvent vous décourager ou vous ramener dans des schémas de pensée négatifs.

6.1.5 Pratiquer l'autocompassion

L'autocompassion consiste à traiter avec bienveillance et compréhension envers soi-même. Lorsque vous faites face à un burn-out, il est important de vous accorder de la compassion et de la gentillesse plutôt que de vous critiquer ou de vous juger.

Prenez le temps de vous parler à vous-même comme vous le feriez avec un ami cher. Soyez bienveillant et encourageant envers vous-même, même lorsque vous faites face à des difficultés. Pratiquer l'autocompassion vous aidera à développer une attitude positive et à renforcer votre estime de soi.

En développant une attitude positive, vous pouvez surmonter le burn-out et retrouver l'équilibre dans votre vie. En remettant en question les pensées négatives, en pratiquant la gratitude, en cultivant l'optimisme, en vous entourant de personnes positives et en pratiquant l'autocompassion, vous renforcerez votre résilience et votre bien-être émotionnel. Prenez le temps d'incorporer ces stratégies dans votre quotidien et vous verrez des changements positifs dans votre vie.

6.2 Apprendre à gérer ses émotions

Les émotions jouent un rôle essentiel dans notre vie quotidienne. Elles peuvent être à la fois agréables et désagréables, et il est important de savoir les reconnaître, les comprendre et les gérer pour surmonter le burn-out et retrouver l'équilibre.

6.2.1 Reconnaître et comprendre ses émotions

La première étape pour gérer ses émotions est de les reconnaître et de les comprendre. Il est important de prendre le temps de se connecter à soi-même et d'identifier les émotions que l'on ressent. Cela peut être fait en se posant quelques questions simples : "Comment je me sens en ce moment ? Quelles sont les émotions qui m'habitent ?"

Une fois que vous avez identifié vos émotions, il est important de les comprendre. Chaque émotion a une signification et une raison d'être. Par exemple, la colère peut être le résultat d'une frustration ou d'une injustice, tandis que la tristesse peut être causée par une perte ou une déception. En comprenant la raison derrière nos émotions, nous pouvons mieux les gérer.

6.2.2 Pratiquer la pleine conscience

La pleine conscience est une pratique qui consiste à être pleinement présent et conscient de ce qui se passe dans l'instant présent, sans jugement. Cela inclut également la conscience de nos émotions. En pratiquant la pleine conscience, nous pouvons observer nos émotions sans nous laisser submerger par elles.

Pour pratiquer la pleine conscience, il est utile de prendre quelques minutes chaque jour pour s'asseoir dans un endroit calme, fermer les yeux et se concentrer sur sa respiration. Lorsque des émotions surgissent, il suffit de les observer sans y réagir. Cette pratique nous permet de prendre du recul par rapport à nos émotions et de les voir comme des phénomènes passagers.

6.2.3 Utiliser des techniques de gestion des émotions

Il existe de nombreuses techniques de gestion des émotions qui peuvent nous aider à les gérer de manière saine et constructive. En voici quelques-unes :

- La respiration profonde : Lorsque nous sommes submergés par une émotion intense, prendre quelques respirations profondes peut nous aider à nous calmer et à retrouver notre équilibre émotionnel.
- L'expression émotionnelle : Il est important de trouver des moyens sains d'exprimer nos émotions. Cela peut se faire par l'écriture, le dessin, la danse ou tout autre moyen créatif qui

nous permet de libérer nos émotions de manière constructive.

- La relaxation : Pratiquer des techniques de relaxation telles que la méditation, le yoga ou la visualisation peut nous aider à réduire le stress et à calmer nos émotions.

- La communication : Parler de nos émotions avec des personnes de confiance peut nous aider à les comprendre et à les gérer. Il est important de choisir des personnes bienveillantes et empathiques qui peuvent nous soutenir dans notre démarche.

6.2.4 Cultiver l'intelligence émotionnelle

L'intelligence émotionnelle est la capacité à reconnaître, comprendre et gérer ses propres émotions, ainsi que celles des autres. En développant notre intelligence émotionnelle, nous pouvons mieux gérer nos émotions et améliorer nos relations avec les autres.

Pour cultiver notre intelligence émotionnelle, il est important de pratiquer l'écoute active, d'être empathique envers les autres et de développer notre capacité à réguler nos émotions. Cela peut se faire en observant nos réactions émotionnelles dans différentes situations et en cherchant des moyens constructifs de les gérer.

En conclusion, apprendre à gérer ses émotions est essentiel pour surmonter le burn-out et retrouver l'équilibre. En reconnaissant et en comprenant nos émotions, en pratiquant la pleine conscience, en utilisant des techniques de gestion des émotions et en cultivant notre intelligence émotionnelle, nous pouvons progressivement retrouver notre bien-être émotionnel et vivre une vie plus équilibrée.

6.3 Cultiver la gratitude et la bienveillance

La gratitude et la bienveillance sont des pratiques puissantes pour renforcer notre résilience et nous aider à surmonter le burn-out. Cultiver ces qualités nous permet de développer une attitude positive envers nous-mêmes et envers les autres, ce qui contribue à notre bien-être émotionnel et mental. Dans cette section, nous explorerons comment intégrer la gratitude et la bienveillance dans notre vie quotidienne pour favoriser notre rétablissement.

6.3.1 La gratitude : un antidote au burn-out

La gratitude est la reconnaissance et l'appréciation des aspects positifs de notre vie. Elle nous permet de nous concentrer sur ce qui va bien plutôt que sur ce qui ne va pas, ce qui peut être particulièrement bénéfique lorsque nous sommes confrontés au burn-out. La pratique régulière de la gratitude nous aide à changer notre perspective et à adopter une attitude plus positive.

Pour cultiver la gratitude, nous pouvons commencer par tenir un journal de gratitude. Chaque jour, prenons quelques minutes pour noter trois choses pour lesquelles nous sommes reconnaissants. Cela peut être aussi simple que le sourire d'un collègue, un moment de détente ou une réussite personnelle. En écrivant ces moments positifs, nous renforçons notre attention sur les aspects positifs de notre vie.

Une autre pratique de gratitude consiste à exprimer notre reconnaissance envers les autres. Prendre le temps de remercier les personnes qui nous entourent pour leur soutien, leur aide ou leur présence peut renforcer nos relations et notre sentiment de connexion. Que ce soit par un simple mot de remerciement, un message écrit ou un geste de gratitude, exprimer notre reconnaissance contribue à créer un environnement positif autour de nous.

6.3.2 La bienveillance envers soi-même et les autres

La bienveillance est une attitude de compassion et de gentillesse envers soi-même et envers les autres. Elle nous permet de cultiver des relations positives et de développer une estime de soi saine. Lorsque nous sommes confrontés au burn-out, il est essentiel de pratiquer la bienveillance envers nous-mêmes pour favoriser notre rétablissement.

Pour cultiver la bienveillance envers soi-même, nous devons apprendre à nous traiter avec douceur et compassion. Cela signifie reconnaître nos limites et nos besoins, et prendre soin de nous-mêmes de manière appropriée. Nous devons nous accorder du temps pour nous reposer, nous ressourcer et pratiquer des activités qui nous font du bien. Il est également important de nous parler avec bienveillance, en évitant les jugements et les critiques négatives.

La bienveillance envers les autres consiste à adopter une attitude de compréhension et de soutien envers ceux qui nous entourent. Cela peut se manifester par de petites actions, comme écouter attentivement, offrir un soutien moral ou simplement être présent pour les autres. En cultivant la bienveillance envers les autres, nous renforçons nos relations et créons un environnement positif et bienveillant.

6.3.3 Pratiquer la gratitude et la bienveillance au quotidien

Pour intégrer la gratitude et la bienveillance dans notre vie quotidienne, nous pouvons adopter certaines pratiques simples mais efficaces. Voici quelques suggestions pour commencer :

1. Commencez chaque journée en exprimant votre gratitude pour les petites choses de la vie. Prenez quelques instants pour réfléchir à ce que vous appréciez et ressentez cette gratitude dans votre cœur.

2. Tenez un journal de gratitude dans lequel vous notez chaque jour trois choses pour lesquelles vous êtes reconnaissant. Cela vous permettra de vous concentrer sur les aspects positifs de votre vie et de développer une attitude de gratitude.

3. Pratiquez la bienveillance envers vous-même en vous accordant du temps pour vous ressourcer et vous détendre. Prenez soin de votre corps et de votre esprit en pratiquant des activités qui vous font du bien, comme la méditation, le yoga

ou la lecture.

4. Exprimez votre gratitude envers les autres en leur faisant savoir combien vous appréciez leur présence, leur soutien ou leur aide. Un simple mot de remerciement peut avoir un impact positif sur vos relations et renforcer votre sentiment de connexion.

5. Soyez attentif aux besoins des autres et offrez votre soutien lorsque cela est nécessaire. Cultivez la bienveillance envers les autres en étant présent, à l'écoute et en offrant votre aide lorsque vous le pouvez.

En cultivant la gratitude et la bienveillance, nous renforçons notre résilience et notre capacité à surmonter le burn-out. Ces pratiques nous aident à développer une attitude positive, à renforcer nos relations et à favoriser notre rétablissement. N'hésitez pas à intégrer ces pratiques dans votre vie quotidienne et à les partager avec les personnes qui vous entourent. La gratitude et la bienveillance sont des outils puissants pour retrouver l'équilibre et vivre une vie épanouissante.

6.4 Se fixer des objectifs réalistes et atteignables

Lorsque vous faites face à un burn-out, il est essentiel de vous fixer des objectifs réalistes et atteignables pour vous aider à retrouver l'équilibre dans votre vie. Ces objectifs vous permettront de vous concentrer sur votre rétablissement et de progresser de manière mesurable. Dans cette section, nous allons explorer différentes stratégies pour vous aider à définir des objectifs réalistes et atteignables.

6.4.1 Évaluer vos capacités actuelles

Avant de vous fixer des objectifs, il est important de prendre le temps d'évaluer vos capacités actuelles. Le burn-out peut avoir un impact significatif sur votre énergie, votre motivation et votre concentration. Il est donc essentiel de tenir compte de ces facteurs lors de l'établissement de vos objectifs. Prenez en considération votre état de santé actuel, vos ressources disponibles et vos limites physiques et émotionnelles.

6.4.2 Définir des objectifs spécifiques

Pour vous aider à atteindre vos objectifs, il est important de les définir de manière spécifique. Évitez les objectifs vagues tels que "retrouver l'équilibre" ou "être moins stressé". Au lieu de cela, soyez précis dans vos objectifs. Par exemple, vous pourriez vous fixer comme objectif de pratiquer une activité de relaxation pendant 15 minutes chaque jour ou de prendre une pause de 10 minutes toutes les heures au travail.

6.4.3 Établir des objectifs mesurables

Pour vous assurer que vous progressez vers vos objectifs, il est essentiel de les rendre mesurables. Cela signifie que vous devez être en mesure de quantifier votre progression. Par exemple, si votre objectif est de pratiquer une activité physique régulière, vous pourriez vous fixer comme objectif de faire de l'exercice pendant 30 minutes, trois fois par semaine. Vous pourriez également tenir un journal de vos activités physiques pour suivre votre progression.

6.4.4 Fixer des objectifs réalistes

Lorsque vous vous fixez des objectifs, assurez-vous qu'ils sont réalistes. Prenez en compte vos ressources, votre emploi du temps et vos obligations familiales. Fixer des objectifs irréalistes peut entraîner de la frustration et de la déception, ce qui peut aggraver votre état de stress. Soyez réaliste quant à ce que vous pouvez accomplir dans les circonstances actuelles et ajustez vos objectifs en conséquence.

6.4.5 Établir des échéances

Pour vous aider à rester motivé et à suivre vos progrès, il est important d'établir des échéances pour vos objectifs. Les échéances vous permettent de vous fixer des délais réalistes pour atteindre vos objectifs. Cela vous aide à rester concentré et à maintenir votre motivation. Assurez-vous de fixer des échéances réalisables et de les noter dans un calendrier ou un journal pour vous rappeler de vos objectifs.

6.4.6 Faire preuve de flexibilité

Il est important de faire preuve de flexibilité dans l'établissement de vos objectifs. La vie est pleine d'imprévus et il est possible que vous rencontriez des obstacles ou des défis imprévus en cours de route. Soyez prêt à ajuster vos objectifs si nécessaire et à vous adapter aux circonstances changeantes. Faites preuve de bienveillance envers vous-même et rappelez-vous que votre rétablissement est une priorité.

6.4.7 Célébrer les petites victoires

Lorsque vous atteignez un objectif, même s'il est petit, prenez le temps de célébrer cette victoire. Cela vous permettra de rester motivé et de vous encourager à continuer à progresser. Célébrez vos réalisations en vous offrant une récompense, en partageant votre succès avec un proche ou en vous accordant du temps pour vous détendre et vous ressourcer.

6.4.8 Faire un suivi de vos progrès

Pour vous assurer que vous restez sur la bonne voie, il est important de faire un suivi de vos progrès. Tenez un journal ou utilisez une application pour enregistrer vos activités, vos émotions et vos réalisations. Cela vous permettra de voir vos progrès au fil du temps et de vous rappeler de vos succès passés lorsque vous rencontrez des moments difficiles.

6.4.9 Faire appel à un soutien

N'oubliez pas que vous n'avez pas à faire face à votre rétablissement seul. Faites appel à un soutien, que ce soit auprès d'un professionnel de la santé, d'un coach ou d'un proche. Ils pourront vous aider à définir des objectifs réalistes et à vous encourager tout au long de votre parcours de rétablissement.

En vous fixant des objectifs réalistes et atteignables, vous pourrez progresser vers un rétablissement complet du burn-out. N'oubliez pas d'être patient avec vous-même et de prendre soin de votre bien-être mental et physique tout au long de ce processus.

Chapitre 7 : Prévenir la rechute

7.1 Identifier les facteurs de risque de rechute

La prévention de la rechute est essentielle pour garantir une guérison durable du burn-out. Après avoir surmonté cette épreuve, il est important de rester vigilant et de prendre des mesures pour éviter de retomber dans les mêmes schémas qui ont conduit au burn-out initial. Dans cette section, nous allons identifier les facteurs de risque de rechute et vous donner des conseils pratiques pour les gérer.

7.1.1 Les facteurs de risque psychologiques

Les facteurs de risque psychologiques sont liés à notre état d'esprit et à notre manière de penser. Ils peuvent inclure des pensées négatives, une faible estime de soi, des croyances limitantes et des schémas de pensée destructeurs. Ces facteurs peuvent augmenter notre vulnérabilité au stress et au burn-out. Il est donc essentiel de les identifier et de les traiter pour prévenir une rechute.

Pour identifier les facteurs de risque psychologiques, il est important de se poser les questions suivantes :

- Quelles sont mes pensées dominantes ? Sont-elles positives ou négatives ?
- Ai-je tendance à me critiquer et à me juger sévèrement ?
- Est-ce que je me fixe des objectifs irréalistes et suis-je trop exigeant envers moi-même ?
- Est-ce que je m'accorde suffisamment de temps pour me reposer et me ressourcer ?
- Est-ce que je suis capable de gérer mes émotions de manière saine et constructive ?

Une fois que vous avez identifié les facteurs de risque psychologiques, vous pouvez prendre des mesures pour les gérer. Cela peut inclure la pratique de techniques de relaxation, la remise en question de vos pensées négatives, l'amélioration de votre estime de soi et l'apprentissage de stratégies de gestion des émotions.

7.1.2 Les facteurs de risque environnementaux

Les facteurs de risque environnementaux sont liés à notre environnement de travail et à notre mode de vie. Ils peuvent inclure un environnement de travail stressant, des horaires de travail excessifs, un manque de soutien social, des conflits interpersonnels et un déséquilibre entre vie professionnelle et vie personnelle. Ces facteurs peuvent contribuer au développement du burn-out et augmenter le risque de rechute.

Pour identifier les facteurs de risque environnementaux, il est important de se poser les questions suivantes :

- Mon environnement de travail est-il propice à mon bien-être ?
- Est-ce que je suis confronté à des conflits ou à un manque de soutien au travail ?
- Est-ce que je suis capable d'établir une frontière claire entre ma vie professionnelle et ma vie personnelle ?
- Est-ce que je suis satisfait de mon équilibre entre travail et vie personnelle ?
- Est-ce que je suis entouré de personnes positives et bienveillantes ?

Une fois que vous avez identifié les facteurs de risque environnementaux, vous pouvez prendre des mesures pour les gérer. Cela peut inclure la recherche d'un environnement de travail plus sain, l'établissement de limites claires entre travail et vie personnelle, la résolution des conflits interpersonnels et la recherche de soutien social.

7.1.3 Les facteurs de risque physiques

Les facteurs de risque physiques sont liés à notre santé physique et à notre mode de vie. Ils peuvent inclure un manque de sommeil, une alimentation déséquilibrée, un manque d'exercice physique et une négligence de nos besoins fondamentaux. Ces facteurs peuvent affaiblir notre résistance au stress et augmenter le risque de rechute.

Pour identifier les facteurs de risque physiques, il est important de se poser les questions suivantes :

- Est-ce que je dors suffisamment et de manière régulière ?
- Est-ce que je mange une alimentation équilibrée et nutritive ?
- Est-ce que je pratique régulièrement une activité physique ?
- Est-ce que je prends soin de moi et de mes besoins fondamentaux (hygiène, repos, détente, etc.) ?

Une fois que vous avez identifié les facteurs de risque physiques, vous pouvez prendre des mesures pour les gérer. Cela peut inclure l'établissement d'une routine de sommeil régulière, l'adoption d'une alimentation saine et équilibrée, la pratique régulière d'une activité physique et l'attention portée à vos besoins fondamentaux.

En identifiant et en gérant ces facteurs de risque, vous pouvez réduire considérablement le risque de rechute du burn-out. Il est important de rester vigilant et de prendre soin de vous-même pour maintenir un équilibre durable dans votre vie.

7.2 Maintenir de bonnes habitudes de vie

Maintenir de bonnes habitudes de vie est essentiel pour prévenir la rechute du burn-out et retrouver un équilibre durable. En adoptant des habitudes saines, vous renforcerez votre résilience et votre capacité à faire face au stress. Dans cette section, nous explorerons différentes habitudes de vie bénéfiques pour votre bien-être physique et mental.

7.2.1 Une alimentation équilibrée

Une alimentation équilibrée joue un rôle crucial dans la gestion du stress et la prévention de la rechute du burn-out. Veillez à consommer des repas équilibrés comprenant une variété d'aliments nutritifs. Les légumes, les fruits, les protéines maigres, les grains entiers et les graisses saines devraient constituer la base de votre alimentation. Évitez les aliments transformés riches en sucres ajoutés, en gras saturés et en additifs chimiques.

De plus, il est important de prendre le temps de manger lentement et consciemment. Savourez chaque bouchée et écoutez les signaux de votre corps pour savoir quand vous êtes rassasié. Évitez de manger devant un écran ou en étant distrait, car cela peut entraîner une surconsommation et une digestion inefficace.

7.2.2 Une activité physique régulière

L'activité physique régulière est un moyen efficace de réduire le stress, d'améliorer l'humeur et de renforcer votre résilience face au burn-out. Trouvez une activité physique qui vous plaît et qui correspond à vos capacités. Que ce soit la marche, la course, le yoga, la natation ou la danse, l'important est de bouger votre corps régulièrement.

Fixez-vous des objectifs réalistes et progressifs en termes d'exercice. Commencez par de courtes séances et augmentez progressivement la durée et l'intensité de vos entraînements. N'oubliez pas de consulter votre médecin avant de commencer toute nouvelle activité physique, surtout si vous avez des problèmes de santé préexistants.

7.2.3 Un sommeil de qualité

Le sommeil joue un rôle crucial dans la récupération du burn-out et dans le maintien d'un équilibre mental et physique. Veillez à avoir une routine de sommeil régulière en vous couchant et en vous réveillant à des heures fixes. Créez un environnement propice au sommeil en vous assurant que votre chambre est sombre, calme et à une température confortable.

Évitez les stimulants tels que la caféine et l'alcool avant le coucher, car ils peuvent perturber votre sommeil. Pratiquez des techniques de relaxation avant de vous coucher, comme la méditation ou la respiration profonde, pour favoriser un sommeil réparateur.

7.2.4 La gestion du temps et des priorités

La gestion efficace du temps et des priorités est essentielle pour maintenir un équilibre de vie sain. Apprenez à établir des priorités claires et à dire non aux demandes excessives qui pourraient vous submerger. Planifiez votre journée en incluant des moments de repos, de détente et d'activités qui vous plaisent.

Utilisez des outils de gestion du temps tels que des listes de tâches, des calendriers et des rappels pour vous aider à rester organisé et à éviter la surcharge de travail. N'oubliez pas de prendre des pauses régulières pendant la journée pour vous reposer et recharger vos batteries.

7.2.5 La pratique de techniques de relaxation

La pratique régulière de techniques de relaxation est un moyen efficace de réduire le stress et de maintenir un équilibre mental. Explorez différentes techniques telles que la méditation, la respiration profonde, le yoga, la visualisation ou la relaxation musculaire progressive. Trouvez celle qui vous convient le mieux et intégrez-la dans votre routine quotidienne.

Accordez-vous du temps chaque jour pour vous détendre et vous ressourcer. Créez un espace calme et paisible où vous pourrez vous retirer du tumulte de la vie quotidienne. La pratique régulière de techniques de relaxation vous aidera à calmer votre esprit, à réduire l'anxiété et à favoriser un état de bien-être global.

7.2.6 La recherche de soutien social

Le soutien social est un élément essentiel pour maintenir un équilibre de vie sain et prévenir la rechute du burn-out. Entourez-vous de personnes positives et bienveillantes qui vous soutiennent dans votre parcours de guérison. Partagez vos expériences, vos émotions et vos préoccupations avec vos proches, vos amis ou un groupe de soutien.

N'hésitez pas à demander de l'aide lorsque vous en avez besoin. Le fait de partager vos difficultés avec d'autres personnes peut vous apporter un soulagement émotionnel et vous aider à trouver des solutions. Cultivez des relations sociales positives et investissez du temps et de l'énergie dans les liens qui vous nourrissent et vous soutiennent.

En adoptant ces bonnes habitudes de vie, vous renforcerez votre résilience face au burn-out et vous créerez un équilibre durable dans votre vie. Prenez soin de vous et accordez-vous le temps et l'attention nécessaires pour maintenir votre bien-être physique et mental.

7.3 Gérer le stress de manière proactive

Le stress est une réaction naturelle de l'organisme face à une situation perçue comme menaçante ou difficile. Cependant, lorsque le stress devient chronique et incontrôlable, il peut avoir des conséquences néfastes sur notre santé mentale et physique. Dans cette section, nous allons explorer des stratégies pour gérer le stress de manière proactive et prévenir ainsi la rechute du burn-out.

7.3.1 Identifier les sources de stress

La première étape pour gérer le stress de manière proactive est d'identifier les sources de stress dans notre vie. Prenez le temps de réfléchir aux situations, aux personnes ou aux activités qui vous causent du stress. Est-ce votre travail, vos relations personnelles, ou peut-être des facteurs environnementaux ? Une fois que vous avez identifié ces sources de stress, vous pouvez commencer à élaborer des stratégies pour les gérer.

7.3.2 Adopter des techniques de gestion du stress

Il existe de nombreuses techniques de gestion du stress qui peuvent vous aider à faire face aux situations stressantes de manière proactive. Voici quelques-unes des techniques les plus efficaces :

- La respiration profonde : Prenez quelques instants chaque jour pour pratiquer la respiration profonde. Inspirez lentement par le nez en gonflant votre abdomen, puis expirez lentement par la bouche. Cette technique de respiration peut vous aider à vous détendre et à réduire votre niveau de stress.
- La relaxation musculaire progressive : Cette technique consiste à contracter et à relâcher chaque groupe musculaire de votre corps, en commençant par les pieds et en remontant jusqu'à la tête. Cela peut vous aider à relâcher les tensions musculaires et à vous sentir plus détendu.
- La méditation : La méditation est une pratique qui consiste à se concentrer sur le moment présent et à calmer l'esprit. Elle peut vous aider à réduire le stress, à améliorer votre concentration et à favoriser un sentiment de calme intérieur.
- L'exercice physique : L'activité physique régulière est un excellent moyen de réduire le stress. Elle permet de libérer des endorphines, les hormones du bien-être, et de favoriser la relaxation. Choisissez une activité qui vous plaît, comme la

marche, la course à pied, le yoga ou la danse, et pratiquez-la régulièrement.

7.3.3 Établir une routine de gestion du stress

Pour gérer le stress de manière proactive, il est important d'établir une routine de gestion du stress. Cela signifie intégrer des activités de relaxation et de détente dans votre quotidien. Planifiez du temps pour pratiquer des techniques de gestion du stress, comme la méditation, la respiration profonde ou la relaxation musculaire progressive. Vous pouvez également intégrer des activités qui vous plaisent et qui vous aident à vous détendre, comme la lecture, le jardinage ou l'écoute de musique relaxante.

7.3.4 Adopter des habitudes de vie saines

Une alimentation équilibrée, un sommeil de qualité et une hygiène de vie saine sont essentiels pour gérer le stress de manière proactive. Veillez à consommer des aliments nutritifs, riches en vitamines et en minéraux, et à éviter les aliments transformés et riches en sucres ajoutés. Accordez-vous suffisamment de temps pour vous reposer et récupérer, en respectant une routine de sommeil régulière. Enfin, prenez soin de votre corps en pratiquant une activité physique régulière et en évitant les comportements nocifs, comme la consommation excessive d'alcool ou de tabac.

7.3.5 Apprendre à gérer son temps

La gestion du temps est un aspect important de la gestion proactive du stress. Apprenez à établir des priorités, à planifier vos tâches et à déléguer lorsque cela est possible. Organisez votre emploi du temps de manière à inclure des moments de détente et de loisirs. En vous organisant de manière efficace, vous pourrez réduire le stress lié aux échéances et aux obligations.

7.3.6 Pratiquer la pensée positive

La pensée positive peut être un outil puissant pour gérer le stress de manière proactive. Essayez de remplacer les pensées négatives par des pensées positives et encourageantes. Cultivez la gratitude en tenant un journal de gratitude, dans lequel vous notez chaque jour les choses pour lesquelles vous êtes reconnaissant. Cela peut vous aider à changer votre perspective et à vous concentrer sur les aspects positifs de votre vie.

7.3.7 Faire appel à un professionnel

Si malgré vos efforts pour gérer le stress de manière proactive, vous continuez à ressentir un niveau élevé de stress, il peut être utile de consulter un professionnel de la santé mentale. Un thérapeute ou un psychologue pourra vous aider à développer des stratégies personnalisées pour gérer votre stress et prévenir la rechute du burn-out.

En conclusion, gérer le stress de manière proactive est essentiel pour prévenir la rechute du burn-out. En identifiant les sources de stress, en adoptant des techniques de gestion du stress, en établissant une routine de gestion du stress, en adoptant des habitudes de vie saines, en apprenant à gérer son temps, en pratiquant la pensée positive et en faisant appel à un professionnel si nécessaire, vous pouvez retrouver un équilibre et préserver votre bien-être mental et physique.

7.4 S'écouter et se respecter

Lorsque vous avez vécu un burn-out, il est essentiel de prendre le temps de vous écouter et de vous respecter. Vous avez traversé une période difficile et il est important de reconnaître vos besoins et de vous accorder une attention particulière. Dans cette section, nous aborderons l'importance de l'auto-écoute et de l'autoréflexion, ainsi que des conseils pratiques pour vous respecter et prendre soin de vous.

7.4.1 Écoutez votre corps

Votre corps est un indicateur précieux de votre bien-être. Apprêtez-vous à écouter attentivement les signaux qu'il vous envoie. Prenez conscience de vos sensations physiques et soyez attentif aux besoins de votre corps. Si vous ressentez de la fatigue, accordez-vous du repos. Si vous avez faim, nourrissez-vous de manière équilibrée. Si vous ressentez des tensions musculaires, prenez le temps de vous détendre et de vous relaxer. Écouter votre corps vous permettra de répondre à ses besoins et de prévenir une rechute.

7.4.2 Identifiez vos émotions

Lorsque vous avez vécu un burn-out, il est fréquent de ressentir un large éventail d'émotions. Prenez le temps d'identifier et de reconnaître vos émotions. Cela peut vous aider à mieux comprendre vos réactions et à prendre des mesures pour les gérer de manière saine. Si vous ressentez de la tristesse, permettez-vous de pleurer et de vous exprimer. Si vous ressentez de la colère, trouvez des moyens constructifs de la libérer, comme l'écriture ou l'exercice physique. En identifiant vos émotions, vous pourrez mieux les gérer et éviter de vous laisser submerger.

7.4.3 Accordez-vous du temps

Prenez le temps de vous accorder des moments de détente et de plaisir. Il est essentiel de vous offrir des moments de repos et de loisirs pour recharger vos batteries. Planifiez des activités qui vous apportent de la joie et du bien-être, que ce soit lire un livre, écouter de la musique, pratiquer un hobby ou passer du temps avec vos proches. Accordez-vous également des pauses régulières dans votre journée de travail pour vous ressourcer et vous reposer. En vous accordant du temps pour vous-même, vous renforcerez votre équilibre et votre bien-être.

7.4.4 Fixez des limites

Apprenez à vous respecter en fixant des limites claires dans votre vie quotidienne. Identifiez ce qui est important pour vous et ce qui ne l'est pas. Déterminez vos priorités et apprenez à dire non aux demandes qui ne correspondent pas à vos besoins ou à vos valeurs. Fixez des limites dans votre emploi du temps, en vous assurant de vous accorder suffisamment de temps pour vous reposer et vous ressourcer. En fixant des limites, vous vous respectez et vous vous protégez des situations qui pourraient vous épuiser à nouveau.

7.4.5 Pratiquez l'autocompassion

L'autocompassion est une attitude bienveillante envers soi-même. Lorsque vous avez vécu un burn-out, il est important de vous traiter avec gentillesse et compréhension. Soyez patient avec vous-même et évitez de vous juger. Acceptez vos limites et vos imperfections, et rappelez-vous que vous êtes en train de guérir. Pratiquez des affirmations positives et encourageantes pour renforcer votre estime de vous-même. L'autocompassion vous permettra de vous respecter et de vous soutenir dans votre processus de guérison.

7.4.6 Faites-vous plaisir

Prenez le temps de vous faire plaisir et de vous accorder des petits plaisirs au quotidien. Que ce soit déguster un bon repas, prendre un bain relaxant, regarder un film que vous aimez, ou vous offrir un massage, ces petits moments de bonheur contribuent à votre bien-être. Faites une liste des activités qui vous font plaisir et intégrez-les régulièrement dans votre emploi du temps. En vous faisant plaisir, vous vous respectez et vous nourrissez votre joie de vivre.

7.4.7 Écoutez vos besoins

Chaque individu a des besoins uniques. Prenez le temps d'identifier vos besoins et d'y répondre de manière adéquate. Que ce soit le besoin de solitude, de connexion sociale, de créativité, de mouvement ou de calme, écoutez vos besoins et trouvez des moyens de les satisfaire. Soyez à l'écoute de vous-même et accordez-vous ce dont vous avez besoin pour vous sentir équilibré et épanoui. En écoutant vos besoins, vous vous respectez et vous prenez soin de vous-même de manière holistique.

Prenez le temps de vous écouter et de vous respecter. Vous êtes la personne la plus importante dans votre vie et vous méritez d'être traité avec amour et bienveillance. En vous accordant de l'attention et en répondant à vos besoins, vous renforcerez votre équilibre et votre résilience face au burn-out.

Chapitre 8 : Vers une vie équilibrée

8.1 Trouver sa passion et s'épanouir

La recherche de sa passion et l'épanouissement personnel sont des éléments essentiels pour surmonter le burn-out et retrouver un équilibre dans sa vie. Lorsque nous sommes passionnés par ce que nous faisons, nous sommes plus motivés, plus engagés et plus heureux. Trouver sa passion peut sembler être un défi, mais avec les bonnes stratégies, il est possible de découvrir ce qui nous fait vibrer et de s'épanouir pleinement.

8.1.1 Explorer ses intérêts et ses talents

Pour trouver sa passion, il est important de commencer par explorer ses intérêts et ses talents. Prenez le temps de réfléchir à ce qui vous passionne réellement, à ce qui vous fait sentir vivant et enthousiaste. Quels sont les domaines qui vous intéressent le plus ? Quelles sont les activités qui vous procurent du plaisir et dans lesquelles vous excellez ? Faites une liste de vos intérêts et de vos talents, et essayez d'identifier les points communs entre eux.

8.1.2 Expérimenter de nouvelles activités

Une fois que vous avez identifié vos intérêts et vos talents, il est temps d'expérimenter de nouvelles activités. Ne vous limitez pas à ce que vous connaissez déjà, mais osez sortir de votre zone de confort et essayer de nouvelles choses. Inscrivez-vous à des cours, participez à des ateliers, rejoignez des clubs ou des associations qui correspondent à vos intérêts. L'objectif est d'explorer différentes possibilités et de voir ce qui vous passionne vraiment.

8.1.3 Écouter son intuition

Lorsque vous essayez de trouver votre passion, il est important d'écouter votre intuition. Votre intuition est votre guide intérieur, elle sait ce qui est bon pour vous. Soyez attentif aux signes et aux sensations que vous ressentez lorsque vous faites quelque chose qui vous passionne. Est-ce que cela vous procure de la joie, de l'excitation et de l'énergie ? Écoutez ces signaux et suivez votre intuition pour trouver votre véritable passion.

8.1.4 Trouver un équilibre entre passion et réalité

Il est important de trouver un équilibre entre votre passion et la réalité de votre vie. Parfois, il peut être difficile de vivre de sa passion à temps plein, surtout si elle ne correspond pas à votre carrière actuelle. Dans ce cas, il est important de trouver des moyens de vivre votre passion en dehors du travail. Réservez du temps chaque semaine pour vous consacrer à votre passion, que ce soit en pratiquant une activité, en lisant des livres sur le sujet ou en rejoignant des communautés en ligne. Trouver cet équilibre vous permettra de vous épanouir pleinement, même si vous ne pouvez pas vivre de votre passion à temps plein.

8.1.5 Se fixer des objectifs et suivre ses progrès

Pour s'épanouir dans sa passion, il est important de se fixer des objectifs et de suivre ses progrès. Les objectifs vous donnent une direction à suivre et vous aident à rester motivé. Définissez des objectifs à court terme et à long terme liés à votre passion. Par exemple, si votre passion est la photographie, vous pourriez vous fixer comme objectif de prendre une photo par jour pendant un mois. Suivez vos progrès et célébrez chaque étape accomplie. Cela vous aidera à rester motivé et à continuer à vous épanouir dans votre passion.

8.1.6 S'entourer de personnes inspirantes

Pour trouver sa passion et s'épanouir, il est important de s'entourer de personnes inspirantes. Cherchez des personnes qui partagent la même passion que vous ou qui ont réussi dans le domaine qui vous intéresse. Ces personnes peuvent vous servir de modèles et vous inspirer à poursuivre votre passion. Rejoignez des communautés en ligne, assistez à des événements ou des conférences liés à votre passion, et entourez-vous de personnes qui vous soutiennent et vous encouragent dans votre cheminement.

8.1.7 Être ouvert aux opportunités

Lorsque vous recherchez votre passion, il est important d'être ouvert aux opportunités qui se présentent à vous. Parfois, votre passion peut évoluer ou vous pouvez découvrir de nouvelles passions en cours de route. Soyez curieux et prêt à explorer de nouvelles voies. Ne vous limitez pas à une seule passion, mais soyez ouvert à de nouvelles expériences et à de nouvelles opportunités qui pourraient vous conduire vers une passion encore plus épanouissante.

Trouver sa passion et s'épanouir est un processus personnel qui demande du temps et de la réflexion. Ne vous précipitez pas et prenez le temps d'explorer vos intérêts, d'expérimenter de nouvelles activités et d'écouter votre intuition. Avec de la patience et de la persévérance, vous finirez par trouver votre passion et vous épanouir pleinement dans votre vie.

8.2 Établir des objectifs de vie alignés avec ses valeurs

Lorsque vous avez traversé un burn-out, il est essentiel de prendre du recul et de réévaluer vos objectifs de vie. Le burn-out est souvent le résultat d'un déséquilibre entre vos valeurs personnelles et les demandes de votre environnement. Pour éviter une rechute et retrouver un équilibre durable, il est important d'établir des objectifs de vie qui sont alignés avec vos valeurs profondes.

8.2.1 Identifier vos valeurs fondamentales

Pour commencer, prenez le temps de réfléchir à vos valeurs fondamentales. Qu'est-ce qui est vraiment important pour vous dans la vie ? Quels sont les principes qui guident vos actions et vos décisions ? Prenez un moment pour vous connecter avec vous-même et écouter votre voix intérieure.

Certaines valeurs courantes incluent l'intégrité, la liberté, la créativité, la famille, la santé, la contribution sociale, la spiritualité, l'équilibre, l'aventure, la sécurité, l'amour, l'apprentissage, la justice, l'autonomie, l'honnêteté, la compassion, et bien d'autres encore. Chacun a ses propres valeurs uniques, il est donc important de les identifier pour pouvoir les intégrer dans vos objectifs de vie.

8.2.2 Définir des objectifs alignés avec vos valeurs

Une fois que vous avez identifié vos valeurs fondamentales, il est temps de les intégrer dans vos objectifs de vie. Posez-vous la question suivante : comment puis-je vivre ma vie de manière à honorer mes valeurs les plus profondes ?

Par exemple, si vous accordez une grande importance à la famille, vous pourriez vous fixer comme objectif de passer plus de temps de qualité avec vos proches. Si vous valorisez la créativité, vous pourriez vous engager à consacrer du temps chaque semaine à une activité artistique qui vous passionne.

Il est important de définir des objectifs qui sont spécifiques, mesurables, atteignables, pertinents et temporellement définis (SMART). Cela vous permettra de suivre vos progrès et de rester motivé tout au long du processus.

8.2.3 Prioriser vos objectifs

Lorsque vous établissez vos objectifs de vie, il est important de les hiérarchiser en fonction de leur importance et de leur impact sur votre bien-être global. Demandez-vous quels objectifs sont les plus essentiels pour vous en ce moment et concentrez-vous sur ceux-ci en premier.

Il est également important de garder à l'esprit que vos objectifs peuvent évoluer avec le temps. Il est donc essentiel de rester flexible et d'ajuster vos objectifs en fonction de vos besoins et de vos valeurs changeantes.

8.2.4 Planifier et prendre des mesures concrètes

Une fois que vous avez défini vos objectifs de vie alignés avec vos valeurs, il est temps de passer à l'action. Élaborez un plan détaillé pour atteindre vos objectifs et prenez des mesures concrètes pour les réaliser.

Identifiez les étapes spécifiques que vous devez franchir pour atteindre chaque objectif et définissez des échéances réalistes. Divisez vos objectifs en petites tâches réalisables afin de ne pas vous sentir submergé et de maintenir votre motivation.

N'oubliez pas de célébrer vos succès le long du chemin. Chaque étape accomplie vous rapproche de votre objectif final et mérite d'être célébrée.

8.2.5 Faire preuve de persévérance et d'adaptabilité

Le chemin vers une vie équilibrée et alignée avec vos valeurs peut être semé d'obstacles et de défis. Il est important de faire preuve de persévérance et de rester motivé même lorsque les choses deviennent difficiles.

Soyez prêt à vous adapter et à ajuster vos objectifs si nécessaire. La vie est en constante évolution, et il est important d'être flexible et ouvert aux changements.

Rappelez-vous que le processus de rétablissement après un burn-out peut prendre du temps. Soyez patient avec vous-même et ne vous attendez pas à des résultats immédiats. Chaque petit pas que vous faites vers vos objectifs vous rapproche de l'équilibre et de l'épanouissement.

En conclusion, établir des objectifs de vie alignés avec vos valeurs est essentiel pour surmonter un burn-out et retrouver un équilibre durable. Prenez le temps d'identifier vos valeurs fondamentales, définissez des objectifs spécifiques et mesurables, hiérarchisez-les en fonction de leur importance, planifiez et prenez des mesures concrètes, et faites preuve de persévérance et d'adaptabilité tout au long du processus. Vous êtes sur la voie de retrouver une vie équilibrée et épanouissante.

8.3 Cultiver la gratitude et la joie au quotidien

La gratitude et la joie sont des émotions puissantes qui peuvent avoir un impact significatif sur notre bien-être mental et émotionnel. Cultiver ces émotions positives peut être particulièrement bénéfique pour les personnes qui ont surmonté un burn-out, car cela les aide à maintenir un équilibre émotionnel et à prévenir une rechute. Dans cette section, nous explorerons différentes stratégies pour cultiver la gratitude et la joie au quotidien.

8.3.1 Pratiquer la gratitude

La gratitude est une pratique qui consiste à reconnaître et à apprécier les aspects positifs de notre vie. Elle nous permet de nous concentrer sur ce qui va bien plutôt que sur ce qui ne va pas. Voici quelques stratégies pour cultiver la gratitude :

1. Tenir un journal de gratitude : Prenez quelques minutes chaque jour pour écrire trois choses pour lesquelles vous êtes

reconnaissant. Cela peut être aussi simple que le sourire d'un ami ou le chant des oiseaux le matin. En vous concentrant sur les petites choses positives de la vie, vous développerez un état d'esprit plus reconnaissant.

2. Exprimer sa gratitude : Prenez l'habitude de dire "merci" aux personnes qui vous entourent. Que ce soit pour un geste gentil, un service rendu ou simplement leur présence, exprimer votre gratitude renforce les liens sociaux et crée une atmosphère positive.

3. Visualiser la gratitude : Avant de vous coucher, prenez quelques instants pour visualiser les moments de votre journée pour lesquels vous êtes reconnaissant. Revivez ces moments dans votre esprit et ressentez la gratitude qui en découle. Cette pratique vous aidera à vous endormir avec des pensées positives.

8.3.2 Cultiver la joie

La joie est une émotion profonde qui peut être cultivée et entretenue. Voici quelques stratégies pour cultiver la joie au quotidien :

1. Pratiquer la pleine conscience : Prenez le temps de vous connecter avec le moment présent et d'apprécier les petites joies de la vie. Que ce soit en dégustant un repas, en observant la nature ou en écoutant de la musique, soyez pleinement présent et savourez ces moments de bonheur.

2. S'entourer de personnes positives : Les personnes avec lesquelles nous passons du temps ont une influence sur notre état d'esprit. Entourez-vous de personnes positives, qui vous soutiennent et vous inspirent. Leur énergie positive vous aidera à cultiver la joie au quotidien.

3. Pratiquer des activités qui vous rendent heureux : Identifiez les activités qui vous procurent de la joie et intégrez-les dans

votre quotidien. Que ce soit la danse, la peinture, la lecture ou le jardinage, faites de la place pour ces activités dans votre emploi du temps. Elles vous aideront à maintenir un équilibre émotionnel et à cultiver la joie.

8.3.3 La gratitude et la joie comme pratiques quotidiennes

Pour cultiver la gratitude et la joie de manière durable, il est important de les intégrer dans notre quotidien. Voici quelques conseils pour y parvenir :

1. Créer des rituels : Identifiez des moments spécifiques dans votre journée pour pratiquer la gratitude et la joie. Que ce soit le matin au réveil, pendant votre pause déjeuner ou avant de vous coucher, créez des rituels qui vous permettent de vous connecter à ces émotions positives.
2. Faire preuve de bienveillance envers soi-même : La gratitude et la joie commencent par l'amour de soi. Accordez-vous du temps pour prendre soin de vous, pour vous reposer et pour faire des activités qui vous plaisent. Soyez bienveillant envers vous-même et appréciez votre propre valeur.
3. Pratiquer la gratitude et la joie envers les autres : En plus de cultiver la gratitude et la joie pour vous-même, prenez également le temps de les exprimer envers les autres. Faites preuve de gentillesse, de générosité et de compassion envers les personnes qui vous entourent. Cela renforcera vos liens sociaux et créera une atmosphère positive dans votre vie.

En cultivant la gratitude et la joie au quotidien, vous renforcerez votre résilience face au burn-out et vous créerez un équilibre émotionnel durable. Prenez le temps de pratiquer ces stratégies et observez les bienfaits qu'elles apportent à votre vie.

8.4 Maintenir un équilibre entre travail, famille et loisirs

L'un des aspects essentiels pour surmonter le burn-out et retrouver un équilibre dans sa vie est de maintenir un équilibre sain entre le travail, la famille et les loisirs. Dans cette section, nous allons explorer différentes stratégies et conseils pratiques pour vous aider à atteindre cet équilibre tant recherché.

8.4.1 Établir des limites claires

L'une des premières étapes pour maintenir un équilibre entre travail, famille et loisirs est d'établir des limites claires. Cela signifie définir des heures de travail fixes et s'y tenir autant que possible. Il est important de se fixer des heures de travail raisonnables et de s'efforcer de ne pas les dépasser régulièrement.

De plus, il est essentiel de définir des limites claires entre le travail et la vie personnelle. Cela signifie éviter de ramener du travail à la maison et de consacrer du temps de qualité à votre famille et à vos loisirs. Apprenez à dire non aux demandes excessives qui pourraient empiéter sur votre temps personnel.

8.4.2 Planifier du temps de qualité en famille

Pour maintenir un équilibre sain, il est crucial de consacrer du temps de qualité à sa famille. Planifiez des activités régulières avec vos proches, comme des sorties, des repas en famille ou des soirées jeux. Ces moments permettent de renforcer les liens familiaux et de se ressourcer émotionnellement.

Essayez également de limiter les distractions pendant ce temps en famille. Éteignez les téléphones portables et les ordinateurs, et concentrez-vous pleinement sur vos proches. Cela vous permettra de profiter pleinement de ces moments précieux et de vous détacher du stress lié au travail.

8.4.3 Pratiquer la gestion du temps

La gestion du temps est un élément clé pour maintenir un équilibre entre travail, famille et loisirs. Apprenez à organiser votre emploi du temps de manière efficace en identifiant vos priorités et en planifiant vos tâches de manière réaliste.

Utilisez des outils de gestion du temps tels que des agendas, des listes de tâches ou des applications pour vous aider à rester organisé. Fixez-vous des objectifs quotidiens et hebdomadaires, et veillez à allouer du temps pour vos activités familiales et vos loisirs.

8.4.4 Cultiver des loisirs et des activités de détente

Pour maintenir un équilibre sain, il est essentiel de consacrer du temps à des activités de détente et de loisirs. Identifiez les activités qui vous apportent de la joie et du plaisir, et planifiez-les régulièrement dans votre emploi du temps.

Que ce soit la lecture, le jardinage, la pratique d'un sport ou la méditation, ces activités vous permettront de vous ressourcer et de vous éloigner du stress quotidien. Accordez-vous le temps nécessaire pour vous détendre et vous recentrer, afin de maintenir un équilibre émotionnel et mental.

8.4.5 Apprendre à déléguer et à demander de l'aide

Il est important de reconnaître que vous ne pouvez pas tout faire seul. Apprenez à déléguer certaines tâches professionnelles et domestiques, et n'hésitez pas à demander de l'aide lorsque vous en avez besoin.

Que ce soit au travail ou à la maison, déléguer des responsabilités vous permettra de libérer du temps pour vous concentrer sur ce qui est vraiment important. Ne sous-estimez pas le pouvoir de demander de l'aide et de partager les charges de travail, cela vous aidera à maintenir un équilibre sain dans tous les aspects de votre vie.

8.4.6 Pratiquer l'autosoin

Enfin, n'oubliez pas de prendre soin de vous-même. Accordez-vous des moments de détente et de plaisir, que ce soit en prenant un bain relaxant, en lisant un bon livre ou en pratiquant une activité qui vous passionne.

Veillez également à prendre soin de votre santé physique en adoptant une alimentation équilibrée et en pratiquant une activité physique régulière. Une bonne santé physique contribue à maintenir un équilibre global dans votre vie.

En conclusion, maintenir un équilibre entre travail, famille et loisirs est essentiel pour surmonter le burn-out et retrouver une vie équilibrée. En établissant des limites claires, en consacrant du temps de qualité à sa famille, en pratiquant la gestion du temps, en cultivant des loisirs et des activités de détente, en apprenant à déléguer et à demander de l'aide, et en pratiquant l'autosoin, vous serez sur la voie de l'équilibre et du bien-être.

Don't miss out!

Visit the website below and you can sign up to receive emails whenever Pascal Leroy publishes a new book. There's no charge and no obligation.

https://books2read.com/r/B-A-AELEB-OZQYC

BOOKS 2 READ

Connecting independent readers to independent writers.

Also by Pascal Leroy

Transformation intérieure : Guide pratique pour une perte de poids équilibrée et durable
Surmonter le burn-out Guide pratique vers l'équilibre

www.ingramcontent.com/pod-product-compliance
Lightning Source LLC
Chambersburg PA
CBHW050752160726

48004CB00002B/528